大展好書 好書大展

大展好書 好書大展

趣味心理講座15

行為語言解析

淺野八郎／著
李玉瓊／編譯

大展出版社有限公司

序　文

人類平均壽命已經增長了。全世界普遍高齡化傾向，抱獨身主義的年輕人或不生孩子的「頂客族」日增，造成出生率呈現下坡走勢。人員組成的不平衡已造成社會的新問題。而新舊世代之間的價值觀也呈現明顯的差異。

在如此價值多樣化的時代中，必須有異於往常的新智慧、創意與努力才能使人生更爲幸福、過得更有意義。而我們所追求的衆多智慧中，最重要的是思考人心結構的智慧，亦即「心理學」的智慧吧。對於人在何種狀況下會感到悲哀、產生錯覺、對他人抱有不信感等探討人心結構的心理學，乃是現代人所迫切需求的智慧。

不過，現今時代所需求的並非我們在大學等教育機構中所研究的學問，而是在每日的生活，使人能注意到於稀鬆平常的處世作爲中，爲人疏忽的人性；令人思考平常已成習慣的行動中所未察覺的人心心理學。

各位不妨握起自己的雙手看看。順其自然地握起雙手時有些人右手的拇指朝下，有些人則是左手拇指在下。同時，如果刻意改變平常握手的方式，會不自覺地感到焦躁起來。

各位到百貨公司搭電梯時可觀察一下隨後搭上電梯的人。你應該會察覺到每個人在無意識中會有其習慣性的動作。譬如，有些人一上電梯隨即轉過身來，並不自覺地抬頭看天花板……。這些雖然都是不足掛齒的無聊小事，然而我們若把注意力集中在這些瑣事上，慢慢地會對「人」的奇妙感到興趣與關心。

從思考人心結構這一點看來也是同樣的道理。在日常的人際關係中如果能試著對他人產生興趣，也許會有更令人愉快而融洽的交際。

其實這就是本書的目地。在此利用圖畫或照片以各種角度嘗試探討平常爲人疏忽、漠視的各種人心奧妙。同時，從介紹最近歐洲或美國心理學家們的研究中歸納、邏輯出理解人心的各種智慧。

本書並非專門心理學的教科書，也不是爲心理學的專家們所寫的書。而是引導平常對人心漠不關心的人試著去思考人心的奧妙，換言之，乃是提供人類探討生活周遭人心機微的指南。

如果本書能成爲與現代心理學的橋樑乃是筆者的大幸。

行為語言解析

目錄

2 常識的盲點——錯覺與死角的魔術

3 未確認的自己本身——挖掘他人底細的色彩心理學

4 愛與性的心理——男女之愛的型態

5 人性鑑定——人相、手相、筆跡也是心理學

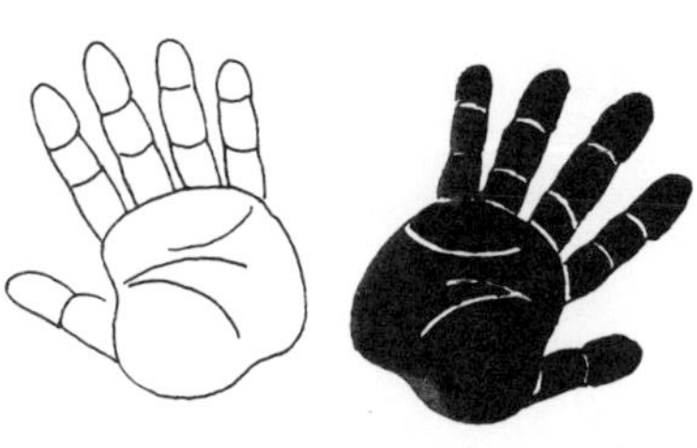

6 心理操作——誘導人心的偷心術

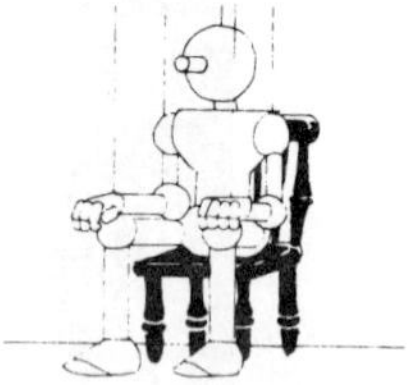

1

心理測驗

認識模糊自我的心理測驗

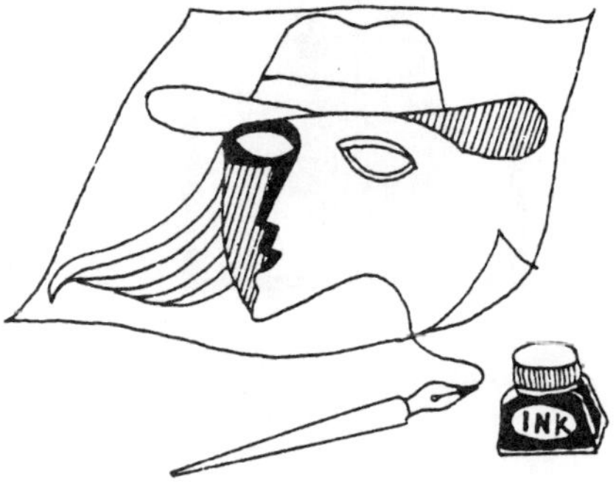

♣喜歡與討厭的臉孔

在此並排著各種表情的人頭照。這些照片中如果要你挑選自己最喜歡的臉孔，你會選擇那一個呢？

相反的，若要挑選最討厭的臉孔，你會選擇那一張臉孔呢？

(3)

(4)

(7)

(8)

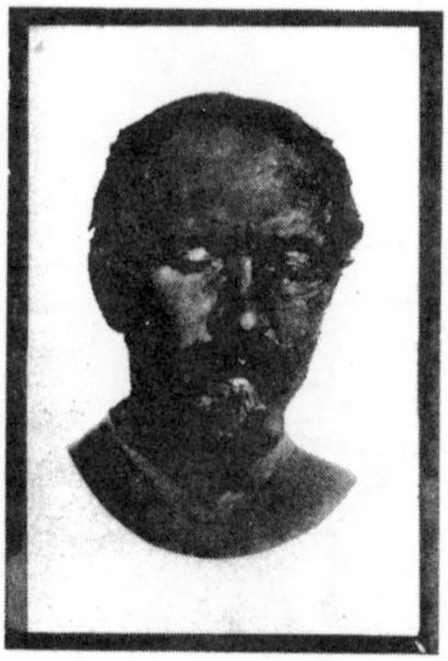

(1)

(2)

(5)

(6)

基於對人頭照的喜好而探討個人心理狀態，或潛在慾望的目的所考慮出來的，就是「松迪測驗」。

這個測驗是以八張代表各種慾望的人頭照爲一組，讓受驗者觀看後做判斷，而實際的診斷必須準備四十八張人頭照。換言之，讓受驗者看六次八張爲一組的人頭照，再讓他們從中挑選兩張最喜歡的和最討厭的臉孔，藉由這個方法以探討挑選者的潛在慾望。不過，這些都不是令人產生好感的照片。因爲，各個人頭照都是隱藏有性虐待狂、同性戀、異常性格等特異的容貌。因此有一個附帶條件是，如果硬要從中作選擇的話。

「松迪測驗」和「羅爾夏哈測驗」一樣都是做爲診斷精神病的方法，它是由匈牙利的精神醫師松迪所考察出來而普及全世界的心理測驗。最近也有人將它應用在不良少年的心理測驗或婚姻的協商、咨詢。在美國甚至應用於廣告的深層心理分析。

舉例而言，飲酒前先做松迪測驗，飲酒後再做同樣的測驗以調查其間的變化，從而探討人是爲了滿足何種慾望而飲酒的深層心理分析。

一般的心理測驗很難判斷潛藏在人心深處的慾望。因此，據說最理想的是，採取當事者並不知道是基於何種目的而接受測驗，或並不十分清楚測驗內容的方法來診斷。看人頭照來回答最喜歡或最討厭臉孔的測驗方式，即暴露受驗者當時內心深處所隱藏的慾望——這也許就是松迪測驗的特色。

有趣的是松迪本人將這項測驗命名爲「命運分析」。也許他認爲人類所具有的潛在衝動也可以說是一種命運吧。松迪將人的這種命運性的衝動分爲八類。代表性衝動的要素是「H

S·FACTOR」、代表癲癇發作的要素是「E·hy FACTOR」、代表自我要素的是「K·P FACTOR」、而代表接觸要素的是「D·MFACTOR」等等。刊載在十二～十三頁中的人頭照分別象徵八種要素的臉孔。

接著來診斷你的測驗結果吧。

如果喜歡(1)或(2)的臉孔↓這兩張人頭照主要是表示對性的慾望。換言之，這是代表性愛的控制、性衝動的表達法。特別喜好(1)人頭照的人稍微帶有女性化，如果是男性，則具强烈的同性戀傾向。

而喜歡(2)是代表攻擊型的性，較具男性化。偏向於性虐待型的性衝動。

如果喜歡(3)或(7)的臉孔↓這主要表示道德方面的情操，也是情緒安定的表示。尤其自覺喜歡(3)的臉孔的人，具有善良本質，極渴望處事作爲全憑良心而不做虧心事。同時，可能具有神經質，也容易鑽牛角尖而悶悶不樂，然而具有强烈的正義感。

至於選擇(7)的人，是具有强烈的自我顯示慾望，目前處於極渴望「引人注意」「成爲名人」的狀態。可以說是一種出世願望型。

如果喜歡(5)或(8)的臉孔↓表示强烈的自我，意圖表現自我的類型。選擇(5)的人是自我本位者，很容易變成利己主義者，反叛心也强。

選擇(8)的人支配慾强，嚮往權勢、容易採取狂妄的行止。

如果喜歡(4)**或**(6)**的臉孔**↓表示對人際關係的慾望。選擇(4)的人，對周遭的事物具有强烈的好奇心，對任何事都沾上邊的强烈願望。

至於選擇(6)的人，是渴望保持成熟的人際關係、重視人際往來的願望。

相反地，根據你對這些人頭照所做的「討厭」回答，可以作以下的判斷。

討厭(1)↓容易形成孤立、具有逃避現狀的强烈危險性。

討厭(2)↓極為女性化、在性方面較難保持立場。

討厭(3)↓易怒、反叛型。是必須留意的類型。

討厭(4)↓對他人表現極大關懷的熱愛型。對女性容易表現同情心。

討厭(5)↓略帶消極、內向。容易變成懦弱者。

討厭(6)↓現狀維持型。討厭巨大變化、極為消極。

討厭(7)↓容易沈迷於幻想而有不切實際的想法。

討厭(8)↓認為自己不如衆人、處於心緒混亂的狀態。表現幼稚的反叛心。

♣根據樹形的心理測驗

請不要做任何思考，以直覺描繪一幅樹木的圖畫。藉此可以浮雕出你的潛在意識、願望。

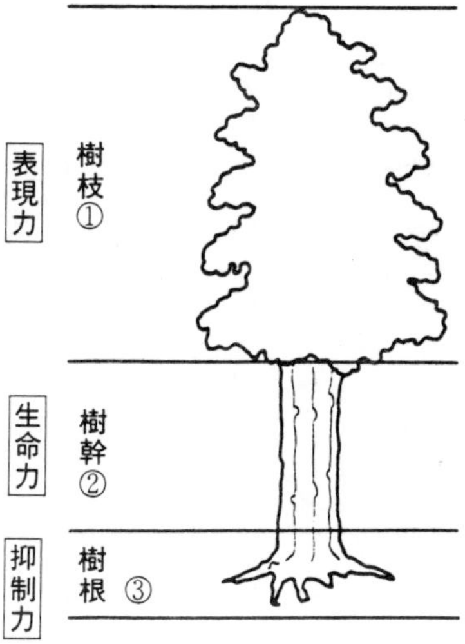

據說長年擔任「理光」會長的故服部健太郎先生，在其生前每當心情煩躁時會觀看樹木以紓解鬱悶。

服部先生所看的樹木可非同小可。據說他曾經爲了探尋留名千史的名木而到日本各地走訪。每當他看見高壯挺拔的樹木時，混亂的心緒立即平穩下來。

每個人對樹木都有其不同的印象。在描繪樹木的圖畫時，多半在無意識中會表露自己內心深處的某種慾望。

針對這一點而利用樹木圖畫做性格測驗的是，「包姆測驗」。這是由瑞士的C‧可荷整理成一套體系的測驗，早在一九二八年左右就有衆多的瑞士學者對這項測驗表示興趣。

在歐洲，一般人都認爲樹本身爲生命的象徵，對樹木的關心之高幾乎已達樹木信仰的地步。而在一九二〇年代瑞士所流行的「筆跡分析」，也對樹木圖畫的測驗帶來影響。樹木圖畫的診斷方法中採用了多數筆跡判斷的技法。

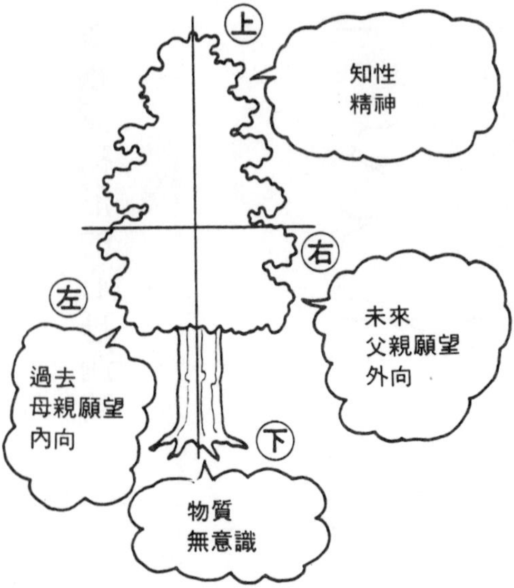

請各位看十七頁的圖。可荷將樹分成①②③等三個部份，這三個部份各具有其象徵性的意義。

①「樹枝」的部份是指個人對現實世界的「表現力」的部份。換言之，是表示如何與環境接觸、傳達何種印象等，對現實所表現的行動模式。

②「樹幹」表示自我和本能的需求或愛情慾望，與情慾有關。

梵谷的「欖　樹園」

梵谷的「革命紀念日的村公所」

③「樹根」表示一般無法看見的部份、隱藏的部份，無意識的意念、潛在意識，表示倚賴他人的心情。

根據如何强調這三個部份中的那一個部份，而能獲得瞭解個人潛在意識的線索。另外，在樹木圖畫測驗中從圖畫的左右、上下方向所描繪的大小，也能瞭解各種不同的意識。

因此，依前頁的圖畫所示，以十字形來分析樹木時，其强調的方向具有不同的意義。換言之，樹木圖畫的上下、左右各有下列的意義。

首先，越强調樹木的上半部較具知性、具有强烈追求情緒化行爲的意願。如果强調樹木的下半部時，表示生命力、體力、無意識的意念。偏向右側或突顯樹木的右側時是，對未來具有强烈的慾望，而作向左側是拘泥於過去的，或對行動有所節制時。

附帶一提的，上面兩幅畫乃是荷蘭印象畫家梵谷在一八八九年所描繪的。在畫這些畫的前一年發生了著名的「割耳事件」，梵谷的精神已有點不正常的變化。樹木的描繪方式和以往的作品不大相同，流露出一股狂妄的筆調。

♣測驗你的美意識

據說人的美感是與生俱有的。對事物的選擇法或排列方式常能反映個人的美意識。尤其是被稱爲天才畫家的人，多半與生俱有將美麗的事物表現得更爲完善的能力，而這些才能並非從他身上學習來的。

請看左頁的兩張美人圖，你認爲那一張較漂亮？

這是做爲測驗美感所使用的名畫。它本來是由名叫賈克·路伊·狄比特的畫家所描繪的美人圖，在其中動點手腳後做爲測驗使用。

(A)

(B)

如果你認爲較美的美人圖是B的話，你應該是具有身爲畫家的高度美意識吧。狄比特的原畫是B。而A是原畫的變形。

自古以來有許多測驗美感的方法，而二十二頁圖形中讓讀者們從中挑選自認爲最美的圖形，以測驗感覺的方法，乃是測驗平衡感的方法之一。

在三個爲一組的三組圖形中，據說令人感覺具有平衡感、美感的是(1)＝B、(2)＝C、(3)＝A。在任何人眼中這三個圖形都具有均衡而安定的印象。因此，與這個美感相近的人，應可判斷是具有美意識的人。

不過，不僅這類傳統的「美」，有時我們也會喜歡和一般的美完全迥異的不平衡「美」。

但是，也許沒有任何事物比「美感」受時代的

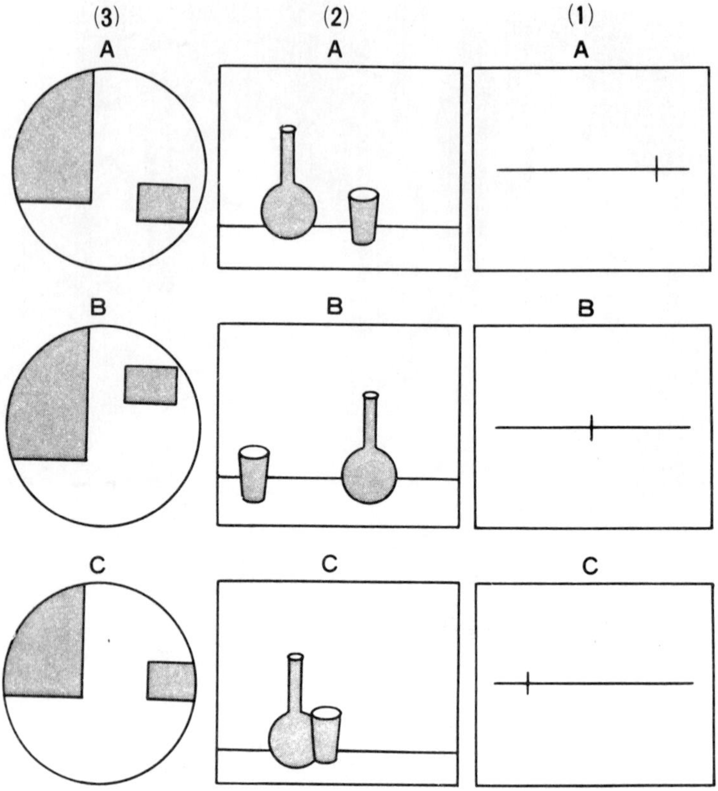

影響、與社會意識的關連更大了。

如果畢卡索出生於十八世紀，也許他的藝術評價和今天截然不同吧。

同時，最近去世的本世紀異色藝術家達里，也可能被認爲是個大狂人。

正因爲時代的價值觀改變與對權威產生排斥感的人劇增，畢卡索的「Geurnica」等一連串的作品才能吸引衆多的人心吧。

♣一張圖畫所暴露的深層心理

心理測驗的方法層出不窮。TAT（Thematic Apperception Test）也是其中之一。這是所謂的「主觀順應檢查」或「繪畫順應檢查」。換言之，藉由觀看圖畫使人產生各種幻想或故事情節，從而去探討該人心靈深處的慾望、願望。

這是一九三五年馬雷所考察出來的測驗法。根據圖畫而來的聯想進而理解內在慾望、環境的適應能力以及分析人際關係上的糾葛、感情的表現法等。

請看上圖。有些人認爲站在一處陰暗巷弄裡的人影，似乎是要走進這個巷弄，而有人則相反地認爲那個人影是要走出這條巷弄。同時，根據對這個場所的感覺（認爲是「愉快的地方」或「令人討厭的地方」）對整體印象也不大相同。

即使同樣一幅畫，根據觀看者的心理狀態或過去經驗所聯想的事物出入甚大。尤其越曖昧不明的圖畫所想像的空間越有個人差異。

ＴＡＴ是「投映法」的一種，其中有各種不同測驗方法。有適於成人使用而考察的方

法，也有專爲幼兒設計、開發的方法。這個測驗多半是使用二十張使人容易聯想同樣事物的圖畫來進行，而在判斷上必須具備相當的專門知識。

根據二十三頁所介紹的圖畫，讓不同的人來作答時可以探討各式各樣的深層心理。以下介紹兩個主要的心理。

①「那名男性正好從正面看來右側的門走出。這户人家住著與他產生畸戀的女性。男子留意著周遭人的耳目悄悄地走到大街上搭乘計程車離去。

從此之後這個男子不再到這名女子的住處。」（四十二歲的女性。正因男性關係而困擾。）

對這名女性而言，畫中的男子正好和她目前所交往的男子的印象重疊。她對交往中的男子具有相當的不信任感，同時，也極擔心被對方背叛。「男子走出大街乘車而去」的聯想，正表示對人際關係的不安，尤其是對拒絕自己的男性的不安感意識。

②「雖然看不清楚臉孔，

不過體格強壯的一名男子正從對面走進這條巷弄。他似乎根據門牌號碼找尋朋友的家。不久，他找到所要找的家。打開門，迎頭撞見一名美麗的女子。那名女子一看到他隨即走向前來，二人擁抱在一起。」（二十二歲的ＯＬ。與最近將結婚的男性交往中。）

和①情況不同的是，從這幅圖畫聯想到一個羅曼蒂克的邂逅故事。這幅畫中的男性似乎和她結婚對象的男子印象重疊。

♣因心理狀態而千變萬化的圖畫印象

暴露不安或煩惱的墨汁污漬

請仔細觀察左頁與墨汁的污漬類似的圖形。看了這些圖形你聯想了些什麼?利用與墨汁污漬類似的圖形而探討個人內心深處的意念，是由瑞士精神病理學家羅爾夏哈考察出來的方法，因創案者的姓名而稱爲「羅爾夏哈測驗」。

這個測驗本來是應用在精神病的診斷，不過，也是做爲瞭解一般人的心理狀態、精神上的不安或煩惱等重要的測驗。其條件是圖形必須左右對稱，由十張卡片組合而成，其中五張是黑卡、兩張是紅與黑、三張是彩色的卡片。

將這些卡片一張張地讓受驗者看，再叫他們回答「看起來像什麼?」，綜合其答案做性格等的判斷(附註:卡片C、D的原圖是使用彩色)。

各位不妨試試看，你認爲卡片C看起來像什麼?左邊項目中的那一項和你的聯想最接近呢?

(1)X光照片　(2)動物的臉譜

C卡

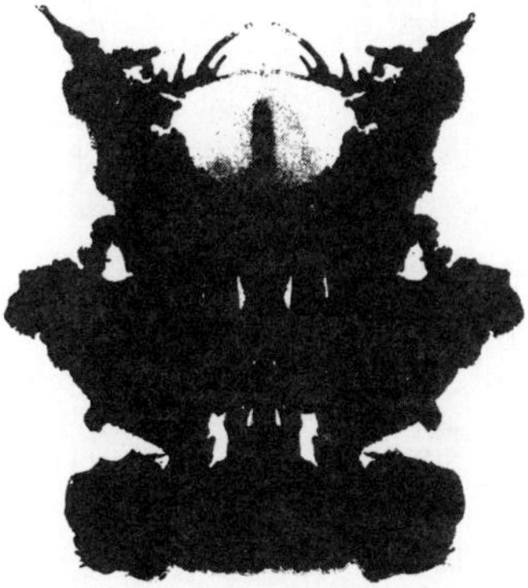

A卡

B卡

D卡

E卡

(3)人的臉譜　　(4)人或動物正在跳舞
(5)火箭發射的時候　　(6)其他（裝飾、盔甲等）

其中回答是X光照片的人，多半對健康缺乏自信或處於某種不安而感到疲憊的狀態。

(2)或(3)是最普遍的答案，多半是以道德的基準來過濾事物，處於容易落入老套思考模式的狀態。

(4)具有知性、腦筋活潑運轉時。多半處於有生動活潑靈感閃現的狀態。

回答(5)時，可能是慾求不滿度極高、處於做任何事都無法滿足的焦躁不安狀態。

至於(6)，則強烈的表現出無法和周遭人取得協調或渴望標新立異。人在群體中的確有各種層次的不滿，也許這時是處於動輒得咎、無法順遂己意的時候吧。

當然，上述的判斷只是憑藉一張墨汁的污漬，自然無法百分之百地表現個人的心理狀態。但是，只憑藉如此單純的圖形就有那麼大的個人差異，而且，會確實地表露個人的內心狀態，這一點頗饒興味。

像這類乍看下並無任何意義的圖形，卻因觀看者的心理狀態而有各種不同解釋的心理，稱爲「投影」。

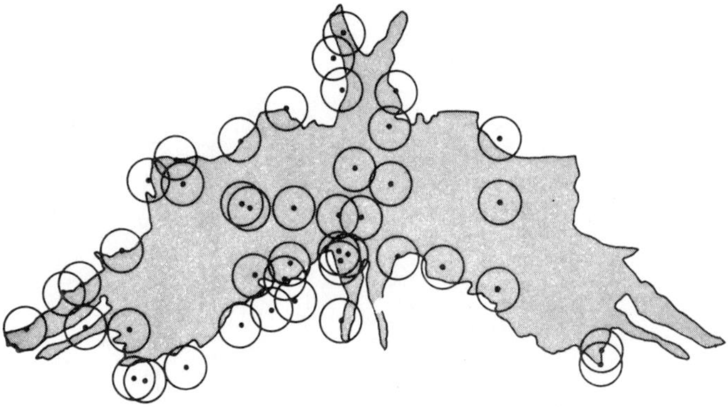

注意力投注在墨汁污漬的那個部份？

與羅爾夏哈測驗所使用的墨汁污漬類似的圖形，也會因個人的心理狀態而有各式各樣的聯想。看見上面這個圖形時，幾乎所有的人注意的焦點是一樣的。

最近，爲了瞭解人的注意力所集中的部份而開發了「EYE・CAMERA」。這是當人看見照片或人物，時機械性地記錄其注意力所投注的部位，眼線移動方式的裝置。由美國的學者考察出來之後廣泛地運用在廣告的效果調查、認識人的關心度等。譬如，利用這種機器可以調查男性觀看女性裸照時，其眼線最初所投注的部位。

某心理學家利用「EYE・CAMERA」調查一般人做羅爾夏哈測驗時的眼線移動，發現眼線並不止投注在一個點上，而是集中在黑色部份與白色部份的境界線而移動眼線。換言之，首先將注意力集中在「白」與「黑」清楚區分的部份，然後慢慢地移動眼線再想像墨汁污漬的圖板到底像什麼。前頁的圖是表示觀看墨汁污漬一般人的眼線移動法。

從這個調查我們瞭解眼線幾乎不逗留在污漬的中央部份。而是投注在黑與白的境界線上再思考整體的印象。一般而言，身體越健康的人眼睛的移動越靈活，在移動眼線時會有微笑的表情，或努力地想從曖昧的圖形中找到具體的形狀。

相對地，精神方面煩惱特別多的人，眼睛的動作也變得遲緩，只會將眼睛投注在某特定的部份。

根據羅爾夏哈測驗的診斷，表現出較為安定的觀察法的反應稱為「F反應」。這個反應可以掌握圖形全體而作判斷，相對地處於異常狀態則稱為「部份反應」。而個人心理的安定、不安定可以藉由「EYE·CAMERA」給予證實。

任何人看見和墨汁污漬類似的這個圖形，幾乎都會想像到X光片吧。醫師在診斷X光照片時的眼線也呈現和羅爾夏哈測驗一樣的移動。據說X光照片的判斷極為困難，也常見誤診。事實上利用EYE·CAMERA調查資深醫師和新手醫師的眼睛動態時，發現技術未成熟的醫師越會把目線投注在X光照片的黑與白的境界線上，而忽略黑色部份的中心，以致造成誤診。

♣人的記憶靠不住

請用一分鐘時間，仔細觀看並排在這裡的十張女性人頭照，然後請翻開次頁。

本頁和次頁共有二十四張女性的人頭照。其中混雜著前頁所看過十名女性的臉孔，請你試著找出來。

那麼，您是否逐一地找出最先所看到十名女性的臉孔呢？要想出只憑一分鐘的時間所記憶十個陌生人的臉孔的確相當困難。

人的記憶力有其限度。雖然可以立即回想出經常碰面的人的臉孔，然而對於只有一面之緣的人可要大費周章才想得出來。而且，只是茫然地看過臉孔很難留下記憶。我們日常與各式各樣的人碰面、彼此交換名片做為認識，但是，要從手上一大疊名片中一一回想名片主人的臉孔可不簡單。有些人具備記憶他人臉孔的特殊技巧，而能從五花八門行業中記憶特定的人來。而有些人在記憶他人時並不看對方整個臉孔，只注意臉孔上某部份的特徵。據說日本某高級料理店的老闆當客人脱鞋進宴席時，並不拿鞋子寄放的牌號給對方。但是，當那位客人回去時一定會整齊地拿出他的鞋子讓其穿上。不論有幾名客人都不會出差錯。

其實這個老闆並沒有記住客人的臉孔。只是注意客人臉上的鼻孔。由下往上看客人的臉時，會清楚的看見他們的鼻孔。而且，鼻孔形狀各不相同，有極大的個人差異，據説這位老闆就是記住每個客人的鼻孔特徵。

距今四十多年前有一部叫做『哀愁』的電影，有一場男主角羅勃·泰勒在滑鐵盧橋上回想過去的情景。男主角站在橋上回想曾經在此邂逅的女主角薇薇安·李的過去。當時他手上握著一個「護身符」。男主角是藉由女主角留給他的「護身符」而追憶過去。多數的男性會藉由手上的「物品」來回想前塵往事，女性則較具情緒化，會藉由音樂或香氣而回憶。譬如，根據「高興」「快樂」等記憶來回想。

法國著名的哲學家狄卡爾將人的記憶譬喻爲房間。原因是整理得井然有序的房間，絶忘不了物品的儲藏位置，若是雜亂無章則很容易遺忘。

某一個宴會上有兩百多人出席，在龐大的廳堂上用餐。當時突然大地震來襲，建築物霎時崩毀造成多數的死傷。由於屍體粉身碎骨而無法指認當天出席者的身份。

但是，有一個人雖然也出席當天的宴會，卻幸運地在建築物因地震而崩毀之前離席，撿回一條命。這個人的記憶力相當卓越，竟然憶起全體與會者的名字。這個人到底是用什麼辦法想出兩百多個出席者的名字呢？

事實上，那個人回想當天的餐桌席次，逐一地想出與會者的名字。換言之，他回想在大廳堂的餐桌上用餐者的情景，進而想起餐桌的席次。

這其實是在西元前五〇〇元希臘詩人西門尼迪親身體驗的事實。而「記憶術」就是根據與此類似的方法爲線索，提高記憶能力的方法。

♣胡亂塗鴉的深層心理

在世界各個角落的歷史遺跡或巨大的寺廟，必可看到遊客留下的塗鴉。這乃是人們渴望把自己和歷史性的文物結合在一起的一種心態表現，或藉由與巨大建築物的一體化使自己顯得壯大的表態。

另外，有些胡亂塗鴉是在無意識中所留下的。電話亭或候客室等公共場所上的塗鴉就屬於這一類。

不過，胡亂塗鴉並不只限定於建築物上留下文字或圖形。向深夜的廣播節目投遞明信片也算是一種塗鴉行為。換言之，塗鴉是「自我表現的遊戲」。有些投函的內容除了文字之外還會添加圖樣意圖標新立異。

除此之外，也有期待DJ在廣播中朗讀出來令聽眾一陣喧嘩的「喝采願望」。總而言之，胡亂塗鴉為時已久，從原始時代即有之。西班牙北部的「阿爾塔彌亞洞窟」（ALTAMIRA）就是最佳的例子。

塗鴉為年輕人提供了表達其坦率無偽的心情的場所。從前「日記」是最好的媒介，不過，目前似乎已缺乏人緣。也許對於在升學戰爭中飽受折磨而被編排進巨大的管理社會的年輕人而言，胡亂塗鴉是他們的「洩憤」手段吧。

♣從接觸所瞭解的潛在意識①

據說觸摸身體的「接觸」是傳達個人真心最卓越的溝通手段之一。所以，若能仔細地觀察他人在無意識中會觸摸自己身體的那個部份、與別人談話時手會自然地觸摸對方身體的那個部份，對理解他人的深層心理，有如探囊取物般地簡單。

如左圖所示，將身體區分爲七個部份，依序來探討各個部位所代表的深層心理。

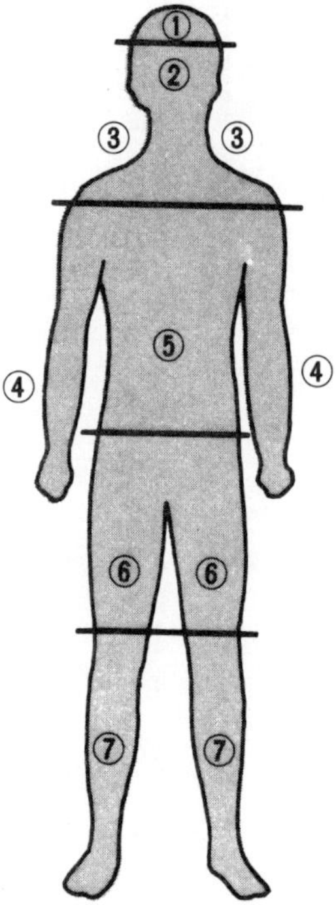

①觸摸頭部

用手觸摸自己的頭和用手觸摸對方的頭有不同的意義。成年人觸摸兒童時，會用手觸摸①的部份以表達關愛或讚美。這個部位也是母親觸摸兒女最多的部位。它表示「斥責」「讚美」「寬恕」的心情。

相反地，當成年人觸摸其他成年人頭部時，是一種蔑視對方或想要支配對方的慾望表現。

當自己本身用手觸摸①的部份時，乃是「抱歉」或「掩飾羞澀」的表現，是要掩飾失敗或帶有强烈的自責念頭時的動作。中年以上的男性中，有不少人會以「搔頭」的動作來做同樣的表現。

②觸摸臉部

觸摸臉的動作在「觸摸」行爲中佔居最大的部份。尤其是感到疲倦、不快、極端寂寞或痛苦時，常會用手觸摸這個部份。

不過，如果用手觸摸臉上的口或鼻的周圍，是精疲力盡的時候。譬如，被迫等待或對眼前的談話對象感到不快時，會反覆地做出用手觸摸口或鼻的動作。面對初次見面的人，如果對方在談話中不停地用手按住口邊或用手掌掩飾口部時，最好儘早辭退。因爲，對方的心理已經充滿著「不想再談下去」或「我忙得很呀！」等情緒的證據。

用手按壓眼角或用指頭按住眉頭時，是在思考其他的事情、正處於思慮中的訊息，也是躊躇著該如何提出結論的表徵。這時有些人也會拿掉鼻樑上的眼鏡，做出把鏡架靠在嘴邊的動作。

另外，有人會用手觸摸自己的耳珠或用手指頭拉拔。這多半是不知該如何回答、提不出反證的動作。這是自己的思緒尚未整合而感到不安的狀態。當對方用手觸摸耳朵時，即可判斷是將要提出結論的時候了。

一般人鮮少去觸摸對方②的部份，不過，如是關係極爲親密的人，有時會觸摸對方的鼻子或臉頰。當男女之間渴望親吻或擁抱對方的慾望高仰時，而這個慾求無法隨心所欲或周遭的情況不允許時，有時會用手觸摸對方的鼻子或臉頰，以滿足這方面的慾望。

③觸摸肩膀

當想要從不快的情緒中獲得解脱或改變心情時，有時會將手放在肩膀上做出揮去肩上污垢或敲自己肩膀的動作。這是渴望周遭人發現自己賣命地投注於工作的願望，渴望部屬或上司認同自己的自我顯示欲的訊息。

用手碰觸同伴或談話對象的③部份，是要强調「同伴意識」。那是想向對方傳達「我們是意氣相投的夥伴」的訊息。這也是政治家和勁敵談話時還經常表現的動作。

碰觸手的動作也有各種型態。用力地「拍肩」的動作是傳達「我們是同伴啊！」的訊息，然而也暗示「我絶不輸你喔！」的心態。而全身靠近對方彷彿包裹住對方一樣地用手碰觸③的部份，表示「想要與你親近」「希望你瞭解」「希望與我親近」等的强烈願望。

輕輕地碰觸對方肩膀或爲對方拂去肩上的塵埃、毛髮的動作，是一種間接的「友情表現」，藉由這個動作向對方傳達親密感。這也是男女對心儀的對方所傳達的愛情表現。

④觸摸「手臂」或「手」

這部份可以説在人際關係中，向對方傳達自己的觀念或嗜好的重要部份。寂寞時，常會自然地盤起手來或用一隻手按住另一隻手。

談話中當對方不同意你的想法或帶有批評的情緒時，會雙手交抱。當雙手交抱的姿勢越大時，表示想壓抑自己高昂的情緒或無法贊同對方的頑固態度。在說明會或講習會的會場上對於講師的話題不感興趣的人，多半會雙手交抱。

當並肩而行時，渴望觸摸對方的手或勾住對方手臂，是情侶間自然的動作。無意識中「倚賴對方」「想要依賴」的情緒會自然地發展成勾住對方手臂的動作。

當握住對方的手彷彿要鎖住其手臂時，乃是一種強烈信賴感的表示。如果仔細觀察從休憩飯店出來的情侶，其牽手方式必會發現這個類型居多。

⑤碰觸胸或腹部

這是最難以碰觸對方身體的一部份，一般人也鮮少用手碰觸對方這個部位。此部份是個人重要的部位，除了不讓對方碰觸之外，自己也不會用手去撫摸胸部或腹部。不過，具有強烈渴望「被愛」「被碰觸」願望的人，在無意識中會自己用手搭在自己的胸部，或頻繁地用手碰觸自己的腹部。這也可以說是一種動作的「自慰行爲」。

用手碰觸腹部或拍打腹部的動作，是「想令周遭者驚訝」或「引起他人關心」的強烈期待。有時為了誇示自己能力也有拍胸、拍腹的動作。這是「一切由我來擔當」的肢體語言。

⑥用手碰觸腰或膝蓋

不僅是男女之間，男人世界裡也常見碰觸腰或膝蓋的動作。當極渴望向對方傳達自己的心意時，會用手按住坐在椅上的對方膝蓋或腰，以表示對對方的信賴感。這和「促膝長談」的心境多少有其共通之處。不過，莫名其妙地觸摸同伴的腰或膝蓋多半是同性戀的訊息，或者代表工作上的一種協調意識。

當自己用手碰觸自己的腰或膝蓋時，表示個人的堅强自信，也是渴望被對方認同或焦躁的心態表示。年輕人有時為了表現頑强的態度或矯柔做作時，會將手插進長褲口袋或用手按住腰部，做出上半身上揚的動作。

⑦碰觸腳

西洋人特別討厭被碰觸這部位。不過，碰觸此部位時，表示疲倦或渴望放輕鬆的心態，也是渴望讓上司或周遭人認同自己走得筋疲力盡或賣命苦幹的肢幹語言。

♣從接觸所了解的潛在意識②

碰觸對方身體時，藉由「碰觸的方式」可以瞭解個人的職業或人際關係的親密度。

①不摻雜任何感情的「職業性接觸法」

在各種行業中可見形式性地碰觸對方的動作。譬如，在西服店量尺寸時老闆會碰觸顧客的身體；高爾夫練習場的指導員貼身地指導學習者的接觸等，就屬於這一類。

瞭解對方是機械性的接觸動作或別有心意的接觸法，也是非常重要。碰觸對方的身體時會有不致令對方產生不安的形式接觸，以及因碰觸而傳達體溫給對方以致產生不快感的動作。

②加強性聯想的接觸法

接觸的時間長、接觸時傳達體溫，或接觸時凝視對方眼神的動作具有強烈的性慾求。而所接觸的部份往往偏向於帶有強烈性印象的手臂、胸、膝蓋、臀部等部位。

③禮儀式的接觸法

譬如，握手時用力地緊握住對方，是向對方表達強烈的信賴感或尊敬。

用雙手緊緊地握住對方的手，是一種友情象徵。

除此之外，在所尊敬的人面前合掌或緊緊地握住自己的雙手時，表示信賴與尊敬對方。

④接觸物品的心理

據說看見商品立即想用手觸摸是日本人的特徵。因為，西洋人鮮少用手去碰觸商品，而店主方面也認為被顧客碰觸的商品會降低商品價值。

一般而言，首先會用食指觸摸有興趣的物品，接著用中指。當覺得商品價值昂貴時無意識中會放輕碰觸的手勁，只輕輕地一碰即抽回手。相反地，對廉價品碰觸的方式自然變得粗暴，並且不自覺地使出勁力。

接觸還是有緩和人際關係的效果。它也是向對方表示親近感的一種技巧。

人具有對於被禁止碰觸的物品越想去碰觸的奧妙心理。譬如，看見有人碰觸佛像或雕像時，自己忍不住也想跟著碰觸。換言之，很容易接受「一碰觸即得利益」的暗示。

♣夢具有預知性嗎？

任何人都不知道在夢中會發生什麼事。千奇百怪的夢境展開真是無意識所造成的結果？或者只是偶然的連續，抑或象徵著某種意念……。

最近，針對夢的研究有各種角度、層次的探討，不過，和夢研究的巨擘，奧地利的精神病理學家佛洛依德的「夢判斷」達全盛時期相較，目前較能以科學性的手法來分析夢。甚至有以夢爲依據而預測疾病或對未來預言的多項研究。

據說飯店之王希爾頓在搶購投標出售的飯店時，也常爲該如何決定投標金額而大傷腦筋。所謂日有所思夜有所夢，希爾頓就在投標的前一晚做了許多有關數字的夢，於是把夢中的數字當做投標金額前往投標。

但是，這個金額然巧妙地得標，使希爾頓購得意想中的飯店。據說其投標金額只比競爭者的投標金額略高而已。從此之後希爾頓經常利用夢做爲工作上的判斷依據。

另外，傳聞美國第十六任總統林肯在自己遭受暴徒暗殺之前，曾經夢見自己的遺骸被安置的奇妙夢境。

夢多半象徵個人平常內心所隱藏的願望或不安，不過，卻也有像林肯或希爾頓的夢一樣，能夠預知未來所要發生的事情。

根據美國某學者的研究，夢的三分之一具有「預知性」。相信有不少人曾經有過到初次拜訪的地方，對所看到的風景覺得和曾經在夢中所看過的景象一模一樣的經驗吧。在心理學上這稱爲「既視感」。

♣夢中人物所象徵的內容

在理性無法控制夢的領域中，會出現平常刻意所隱藏的深層心理。不過，多半並非直接而是象徵性的表露。

在夢中會出現情人變成小丑的模樣，或警官竟然和父親的臉孔一模一樣等情景。所認識的人物會改變各種不同的面貌而出現。在夢的判斷中確認出現何種人物是極爲重要的線索。這些人物多半是夢獨特的象徵，或對做夢者而言具有特殊的意義。

不過，在考慮夢中有所出現的人物時，必須注意在夢中人物已被空想化或理想化。譬如，現實中貌美如花的女子在夢中可能變成女王或電影明星，也可能以動物的面貌出現。

另外，「惡魔」「鬼魂」表示心中所討厭的形象或自己最討厭的自己、朋友。相反地，「天使」則象徵自己所渴望變成的樣子，或受任何人信賴的理想形像。而「嬰兒」是無法獨立的懦弱者的象徵，乃是渴望倚賴他人的迫切慾求表徵。

以下列舉夢判斷中的數個項目。

「家」的夢

夢中有三分之一是以家爲背景，可以說是最普遍的夢境。當家的整體出現在夢中時（一般是指户外的背景）多半帶以下的含意。

①自己本身的問題

對身材肥胖感到困擾，會在「有向外推開窗户的住家」夢見自己。

②對家庭的感情

怕老婆的丈夫，會做「陰暗而模

糊的家」夢。

「學校」的夢

以學校或教室內等爲背景的夢，表示對自己「被測驗」或「失敗」感到不安。

「隧道」的夢

①對誕生、妊娠、SEX的關心。

②表示想逃避不安或恐懼，回到母親的子宮內的慾望。

③無法脱離依賴母親的不安。

「醫院」的夢

①對疾病或死亡的恐懼。

②無力感或渴望像幼兒時被驕寵的慾望。

「浴室」的夢

①對行爲或思考純粹性的願望。

②渴望排除自己的煩惱，或令自己煩惱的人的感情。

「警官」的夢

象徵違背法律或道德的規矩則一定受罰的感情，或渴望從自己或他人的衝動中獲得保護。

「理容師、美容師」的夢

剪髮是使人減少能力的象徵。做變成理容師或美容師的夢，多半具有渴望減少他人的能力的願望。另外，

夢見別人變成理容師或美容師的男性，表示畏懼他人減少自己的能力，或渴望有這樣的結果。

而女性做這種夢時，表示對男性的畏懼或敵意。因爲，對女性而言理容師或美容師是減少男性的能力之象徵。

「小偷」的夢

①表示想要盜取他人的愛情、權力、名聲的願望。

②是一種被某人盜取有如①的東西的確信。

③畏懼他人渴望從自己身上盜取有如①的東西。

「金錢」的夢

不僅是現實生活中，在夢中金錢

也往往和能力或權力相提並論。尤其是代表男性的堅强象徵。譬如，認爲其他男性欺騙自己的男性，或自認自己並不高大或强壯的人，大概會作零錢不足的夢。

「時鐘」的夢

①對疾病、死亡的恐懼、不安。

②在人生中或某特定的機會裡擔心自己也許會失敗的不安。

「洗滌」的夢

這表示你渴望洗滌罪孽的行爲，或污穢思考的心態。

另外也代表你認爲對他人應該洗淨不潔靈魂的觀念，不過，多半表示渴望被寬恕罪過的自我願望。

「墜落」的夢

①表示道德上墮落的恐懼。

②表示從崇高的地位或好的職位墜落的恐懼。

③表示失去名聲的恐懼。

「跳舞」的夢

跳舞的動作多半和性有所關係。或者象徵對性關係的願望。你或他人獨自跳舞的夢，表示利己主義或顯示慾。

「沈溺」的夢

這表示渴望隨時像幼兒期處於安全狀態的願望。但是，也帶有以下的含意。

①你認爲自己被愛（母性的愛）壓得喘不過氣。

②內心帶有被艱深的疑問壓得喘

不過氣來的不安。

「尋找」的夢

①尋找問題的解決法時。

②擔心遺失或可能失去的物品或人時。

「飲食」的夢

夢中的食物和「愛」是同等意義。如果你夢見一直吃某種東西的夢時，可以說表示感情上的饑渴或對愛的需求。

「哭泣」的夢

夢中所流的淚表示內心的悲傷或不安。但是，在夢中也常見爲掩飾自己真心本意的淚。

譬如，渴望拋棄妻子的男子，夢見妻子死亡的夢時，會在夢中痛哭流涕，不過，這時所流的淚只是做爲掩飾的表演。換言之，這純屬爲了掩飾妻子死亡正如所願的方法。悲傷而哭泣的背後其實也隱藏著欣喜。

「飲酒」的夢、「醉酒」的夢

①是渴望逃避現實或回復像幼兒期處於安全依附他人的狀態的願望。

②認爲某人像個大孩子。

「搭不上車」的夢

夢見搭不上火車或飛機等交通工具時，表示錯失良機的懊悔心境。

而好不容易搭上某種交通工具的夢，是自覺只要努力必可達到目標吧。

♣刺向心頭的鋤頭

請用十秒鐘看上面的圖畫，然後蓋上書本，回想最先呈現在眼簾的是什麼。

這個看似平凡無奇的圖畫，卻隱藏著任何人都可感覺到的一種詭異。你所在意的無非是老人手上的那把鋤頭吧。像箭矛一樣尖銳的鋤頭，令觀看者產生一種詭譎感。一般人會忽視這對老夫婦親切、溫和的表情，只在意那把顯得陰氣的鋤頭。

不過，如果這把鋤頭像次頁一樣改變各種形態，則給人的印象又大不

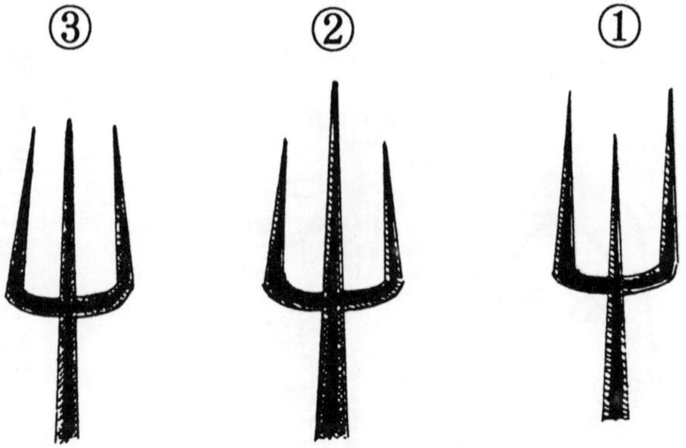

相同。將中間的矛頭變短而使左右齊高的鋤頭（①），或拉長中間的矛頭（②）時，會給人完全不同的印象。如果鋤頭的三根矛頭等長時（③），觀看者的腦海裡應該只會留下兩位老夫婦的印象。

諸如這般，藉由均衡感的失調而能改變心理上的印象。

看這幅畫會感到焦躁不安的人，具有神經質，在人際關係上或對疾病等缺乏自信或不安的人。

尖銳往上突起的農具，會使人產生一種彷彿刺向自己身體的恐懼感。本來應該是整理地面或鋤草用的鋤頭，無形中令人胡思亂想是否會刺向自己的身體。

當看見這個圖畫立即將注意力集中在尖銳的矛頭上的人，很容易帶有這類的恐懼感，在心理上也處於不安的狀態。這是所謂「操勞性」的人。這種人在工作或人際關係上似乎也較具有自卑感。

2

常識的盲點

錯覺與死角的魔術

♠女老師爲何被炒魷魚？

圖中的女老師正在上課中。碰巧走過教室門口的校長看到其上課的景象竟然勃然大怒。結果這位女老師被校長叫到校長室說：「以後不必來了！」

到底這位女老師因何被革職呢？原因似乎和當天上課的情景有所關係……。

也許有人以爲是女老師上課戴著帽子或穿太短的裙子有失禮數，或者教桌上零亂無緒而被炒魷魚。相信不少人會以老師的品性、禮儀爲問題。因爲，多半人認爲身爲教師者應該有教師的打扮與行止。

但是，能夠立即猜出這個老師被革職的真

正原因者，可以說是在其日常的人際關係中也能仔細地觀察對方，並做正確分析的人。

事實上，這位老師最大的缺點在於欠缺初級的數學能力。請注意看黑板上的算術問題。在兩個算式中很明顯地有一個算式的解答是錯誤的。正確的答案如左。

$$\$964.32 \times 0.00 = 0$$

這種數學能力不被抄魷魚才怪。

平常司空見慣的事情或熟能生巧的作業反而容易使人看錯或犯下過失。而且，越令人覺得單純、任何人都不可能犯錯的事物，越容易出現差錯。

在所謂電腦時代、合理化時代的現代人的生活中，與此類似的單純過失有與日俱增的傾向。據說某銀行的行員曾經將一張面額僅值一〇〇元支票看成是一〇〇萬元而依數付款。這乃一般人都以爲既然是支票總不會是「百元」而應該是「百萬元」的常識盲點。

最近在文字的世界裡也常見錯誤。由於電腦使用的普及，利用倉頡或注音輸入的方法而變更漢字時，簡單的文字也會因操作的錯誤而出現紕漏。這也是指倚賴機器卻不做正確過濾的常識盲點吧。

♠到底是老婆或小姐

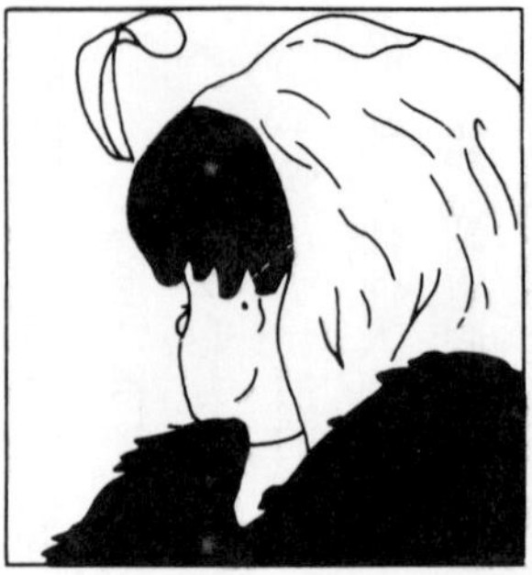

這幅圖畫根據觀看者的視點會出現兩種不同的面貌。最重要的關鍵在於臉孔下部的一條粗線。如果把這一條粗線當成一條項鍊，整體就變成一個「年輕女子」的側臉（參照A）。如果將這條線當成嘴形，則又變成「老太婆」的側臉（參照B）。

一般而言，根據個人的興趣、經驗或當時的心理狀態會有不同的聯想。我們憑第一印象判斷人時，也許也會出現類似的情形。

A

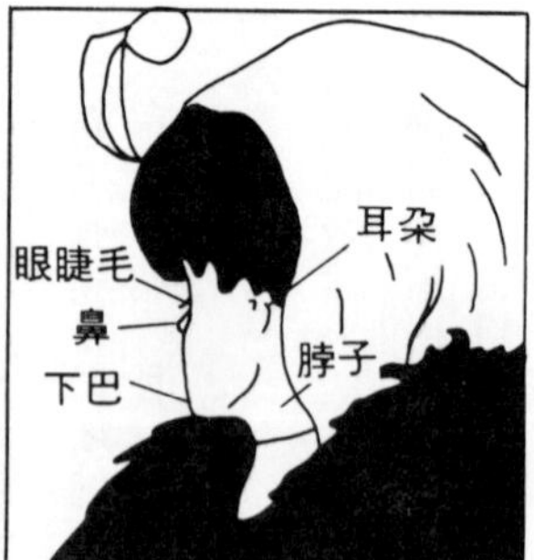

B

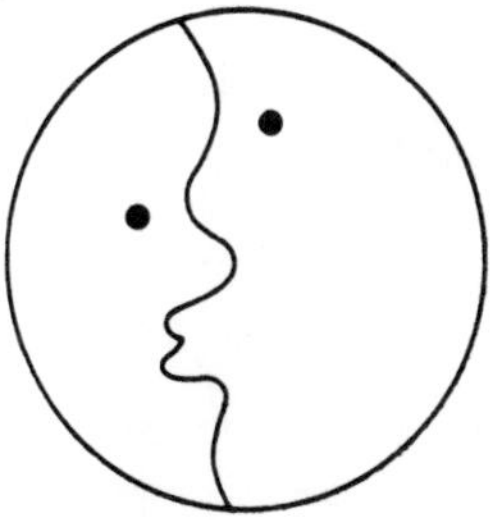

這類印象的差異是因爲注意力所投注的方向或眼神所集中部位的差異而產生。譬如，請仔細看上面圓中的圖形。它似乎是兩張臉孔組合而成的圖樣。

但是，如果看下面的A、B圖形就看不出是兩張臉孔。請再次看上面圓中的兩個眼睛。接著再看下圖時，本來看不出是人的臉孔的A、B也顯出人的模樣了。

當我們將注意力集中在某特定部位時，整體的印象會大爲改觀。

♠高爾夫球場的死角

某嗜好高爾夫的青年看見下圖所描繪高爾夫球場風景的圖畫時，叫嚷著這幅畫不正確。那麼，到底是那裡不對呢？

多少對高爾夫有點興趣的人，看到這圖畫一定把注意力集中在高爾夫打者所使用的球桿上吧。高爾夫打者手上所使用的正要推球進洞的球桿是「DRIVER」。事實上，這時應該使用的球桿是「BUTTER」。

除此之外，還有另一個問題。那是注意力集中在球桿上的人最容易疏忽其他重要的過失。

根據這幅圖畫中太陽的位置來看，你不覺得高爾夫打者或周遭景物影子的表現法欠缺自然嗎？從太陽的位置看來影子的投射法，應該在另一側。這也是人的注意力的盲點。

♠這麼簡單的事情也會搞錯！

請花十秒鐘注視左邊所畫的一條繩子的結，十秒鐘後請用一隻手掩住這個圖形。然後用另一隻手描繪出剛才所掩蓋的圖形。

讀者們能夠正確地重現剛才的圖形嗎？看似簡單的問題做起來應該感到困難吧。自以為已記得清楚的圖形，卻往往會擅自解釋，多半所描繪出來的是依自己的想像所變形的圖形。

原圖繩子所交叉的部位是在左端、中央、右端三個部份。但是，多數人只有兩個交集。在交叉繩子時往往會疏忽掉左端所應交叉的部份，只留意必須在中央交叉。換言之，很容易畫成如次頁圖2的模樣。

這類過失並不只限於圖形。在數字的計算上常見這類過失。譬如，請把左列的數字朗讀出來由上往下依序加起來看

圖1

看。你的總和應該是「五〇〇〇」吧。

	1000
	40
	1000
	30
	1000
	20
	1000
	10
計	5000

你的答案是否真的是「五〇〇〇」呢？

接著請仔細地用筆算算看。果真是「五〇〇〇」的答案嗎？

事實上，這算術題的總和是「四一〇〇」。雖然這麼簡單的算術題任何人都不應該算錯，然而只要改變形式提示問題時就會犯下過失。人的心理盲點隨處可見。在我們自以為正確而做判斷、行動的日常生活中，隱藏著許多心理上的過失。

也許人心之所以難以理解，正是因為有這些細微而令人疏忽的過失吧。

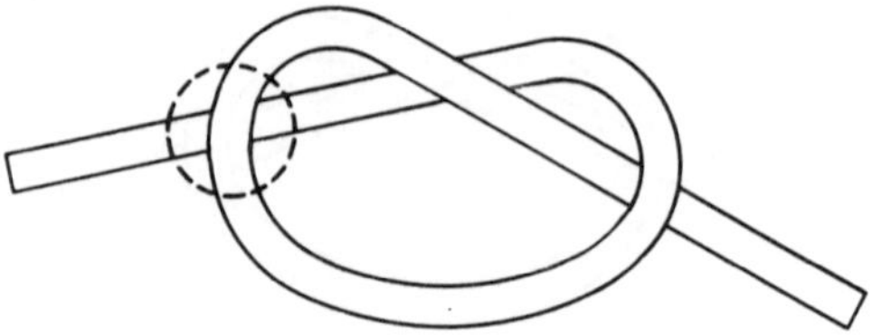

圖2

♠回復原位的樓梯

圖1的樓梯乍看下彷彿是往上爬的樓梯，又恰似往下走的樓梯。在圖形上可以做這樣的遊戲，而現實中並不可能存在。

圖2所示的煙囪也是類似的圖形。圖的上方確實看起來是三個煙囪，然而下方卻各有不同的形狀。這都很容易造成視覺上的錯覺。

圖1

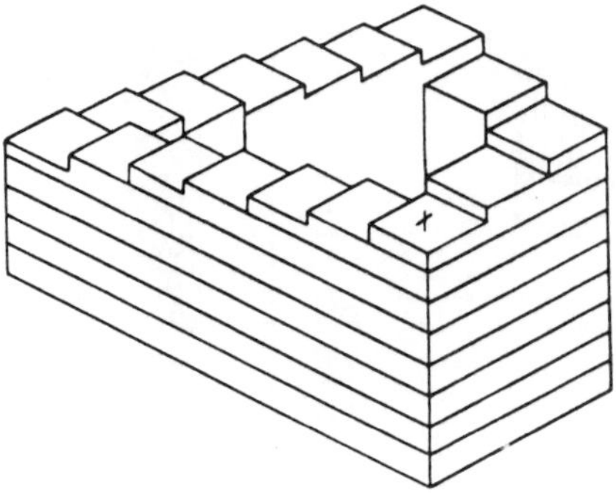

圖2

常識的陷阱

♠世上不存在的電話

電話公司廣告設計上出現上圖的電話，結果廠商提出抗議索賠。理由是根本沒有這樣的電話。到底那裡不對呢？

請注意看電話上的鍵盤。這個電話的鍵盤上沒有「〇」。在我們日常生活中經常看見的景物會因爲過於熟悉而可能出現這類的過失。我們並非對外界所見所聞的一切刺激都留下注意。而是選擇之後才產生注意並從而知覺。

如果凡事鉅細靡遺彷彿拍照下來一樣地注意觀察並留意，我們每個人可能都會變得神經衰弱。

人往往選擇適合自己的方式去記憶。

在公車或火車上會遺忘物品即是受這個心理的影響。當我們的注意轉向其他的對象時，自然會忘記放在車架上的行李了。

♠你不適合當設計師

Y小姐是一位剛出爐的服裝設計師。有一次她到某雜誌社毛遂自薦上圖的服飾企劃，結果接到對方寄來「敝公司不採用」的通知。這個服飾企劃案到底有什麼不對？Y小姐還搞不清楚出了什麼問題……。

對於服飾企劃案不被採用的原因，相信有許多人認爲服裝的品味粗俗或領子過寬的緣故。

但是，這些事實上毫無關係。各位仔細地再看一次圖畫。您難道沒有發覺這套西裝領口的重疊處左右顛倒嗎？它是右片靠在左片的前方。

一般而言，男性的西服都是左片在上。在日本埋葬死人時習慣會把衣服或和服的門襟右方朝上。

當昭和天皇病危之說遍傳日本各地時，各媒體界競相報導的忙亂中某報導昭和天皇病危消息的女週刊雜誌，在發賣之前被迫停止發行。因爲，在其天皇病危的記事中刊載了一張底片反面沖洗後的天皇照片。換言之，那張照片的西服是右片門襟在上。天皇只是病危卻未死亡，這個雜誌社卻刊載意味著死亡的右片門襟在上的照片，因此被迫停止發行。

♠林肯也傻了眼

某公司的董事長室裝飾一個如圖所示的銅像。但是，新官上任的董事長一看到銅像立即勃然大怒，叫人撤除這座銅像。到底董事長在氣什麼呀！

人的注意力有其限度。即使自以爲小心留意卻也有疏忽的地方。尤其是個人的知識或經驗會混亂判斷力、注意力。以這座銅像而言，對美國史缺乏興趣的人大概並不以爲意，甚至不表關心吧。

如果對於這座銅像下面名牌上所寫的「LINCOLIN」感到意外，一定對美國的歷史有

所知識或感興趣的人。因爲，林肯的英文字母不但拼錯，銅像的臉孔也非林肯而是華盛頓。

♠沒有看過這樣的手錶

看見上圖手錶的古董商大爲感嘆說：「這可是曠世奇寶啊！」

然而在旁的鐘錶商則嘲笑說：「這種手錶能用嗎？」到底這個手錶有什麼特殊的地方？

請仔細看這個手錶的「數字」與計時器。在被省略掉「6」的數字位置上的計時器是否有什麼奇怪的地方？「5」到「7」之間有兩個刻度。所以，這個手錶並非「12」區分而是區分爲「13」。

也許這個手錶具有古董的價值，然而這樣的手錶是無法使用的。

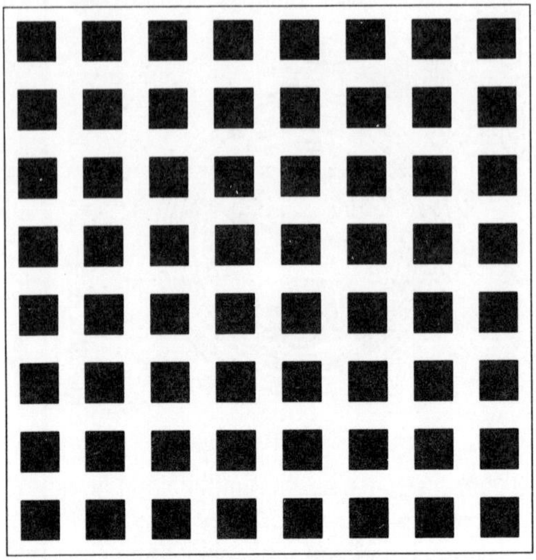

♠擦也擦不乾淨的牆壁

好不容易把牆壁塗漆完畢而大鬆一口氣的油漆匠。但是，卻被客户抱怨說：「你是怎麼塗的啊？看起來還髒髒的呢！」因此，油漆匠又賣命地塗一層白油漆，然而仍無法消除污垢。到底怎麼回事？

仔細盯著這面牆壁瞧時，塗成白色的部份令人覺得有著一抹污垢。剛開始也許沒有什麼感覺，但是，注視二、三秒之後會覺得在白色的部份留下黑色的污痕。

這是黑白對比過强所造成的一種錯覺。由於黑色部份面積較大，使得白色十字的部份受到黑色影響而顯出灰色的影像。

凝視黑色部份一會兒之後，眼睛的網膜會產生疲勞，造成一種「殘像現象」。換言之，在白色十字的部份重疊看到鄰近黑色的格子而出現灰色的影像。

接著請仔細看上面的圖畫。這是由林傑和諾曼兩位心理學家所考案出來的，所謂「達馬遜犬」的錯視圖形。仔細注視，彷彿黑色污漬的圖形時，應該會慢慢地從中看出一個具體的形體來。

乍看下顯得曖昧不明又難以捉摸的這類圖形，只要提高注意力仔細地觀察，會漸漸加强判斷能力，結果想像出彷彿是一隻站在圖面中央，頭稍微往下垂的達馬遜犬吧。

一疏忽就上當的眼睛

♠可樂瓶上所做的魔術

我們在日常中最常產生的錯覺是下圖所示的瓶罐類的錯覺。比較牛奶瓶、可樂瓶、玻璃杯、咖啡杯等四個容器時，多數人都會覺得可樂瓶和牛奶瓶內裝著最多的溶液。

但是，這當中以咖啡杯的容積最大。可樂內的溶液倒進咖啡杯內也無法裝滿。而一般人也以為牛奶瓶內的容積很大，事實上，只有玻璃杯的一半容量。

可樂瓶之所以博得人緣，除了其模仿女性曲線的設計之外，利用玻璃杯面的曲折而製造「容量感」也是其成功的原因。

圖1

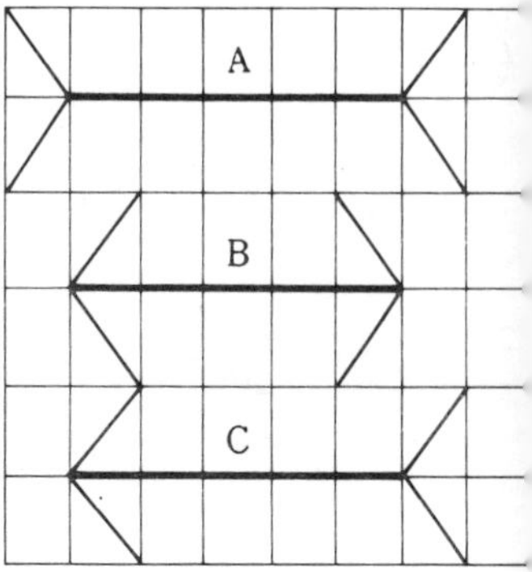

圖2

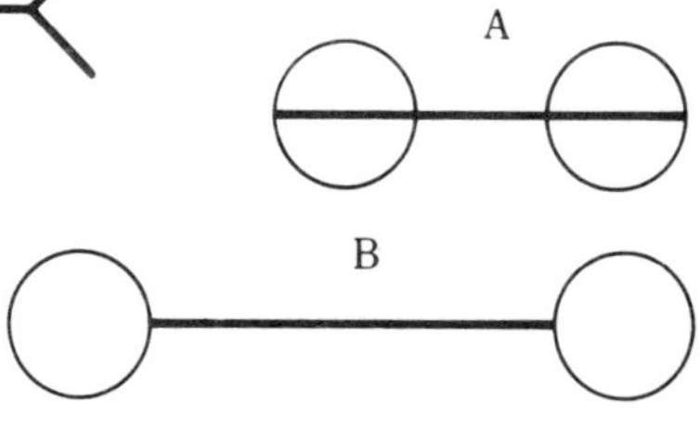

圖3

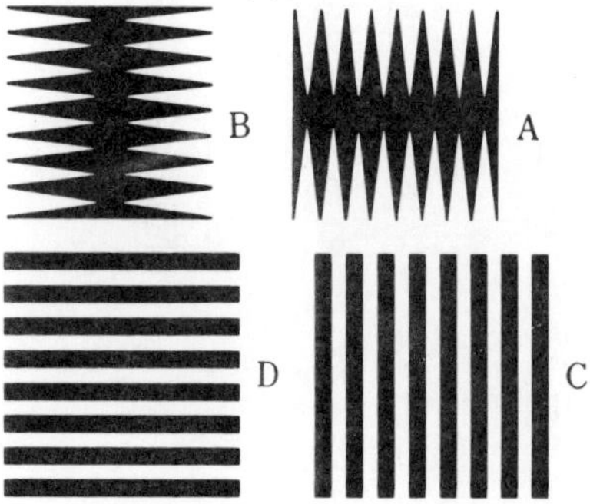

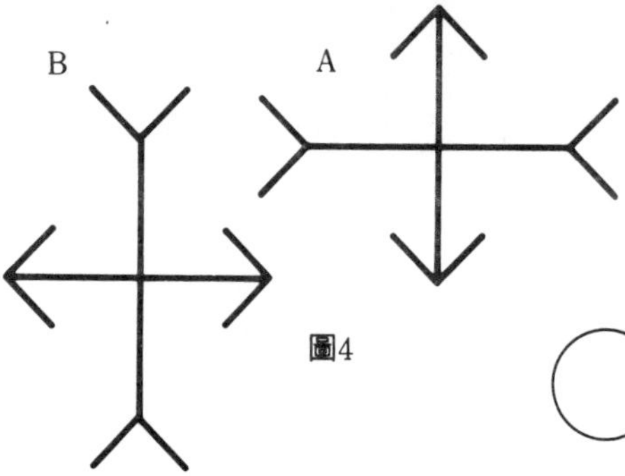

圖4

♠線條的魔術

圖1中的A、B、C三條線，同樣長的是那幾條？乍看下A和C似乎等長。而事實上A、B也是等長。同樣地，圖2中A、B的線條其實一樣，而B卻看起來較長。

圖3的A、B、C、D都是正方形，然而在讀者的眼中是這麼認爲的嗎？圖4的A、B，其直與橫線也是一樣長。不信的人可以以交叉點爲中心，用圓規畫一個圓看看。

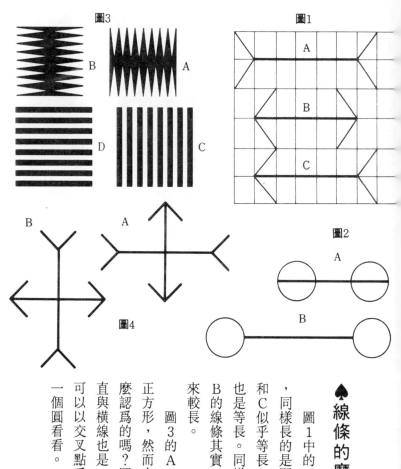

♠伸縮的圓

圖1A和B的內心圓是一樣大小，而B的內心圓卻顯得較大。同樣地，B的外心圓看起來比C小，而事實上是一樣大。A、B的關係以數字來表現也是一樣（參照圖2）。另外，像圖3的A在主圓外側並排一群小圓時，會比像B一樣在主圓外側並排一群大圓的主圓顯得大。

而圖4是利用在主圓的外側或內側配置一群小圓，以比較那一個主圓顯得大。各位一定覺得A的主圓較大吧。圖5也是同樣的道理。

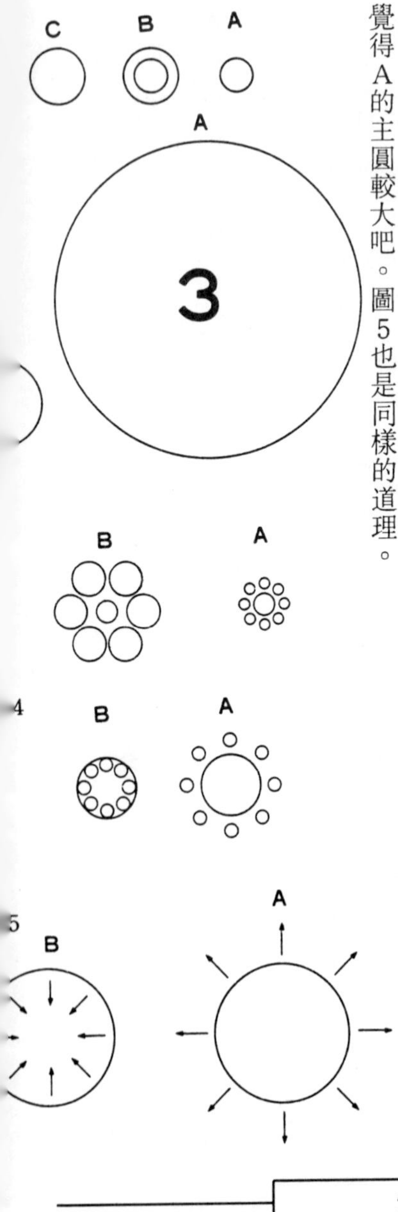

♠顯得歪曲的直線

圖1的四條直線都呈平行狀，由於周遭無數斜線的影響，而顯得歪曲。直線會因爲背景的影響而變成曲線。所以，圖2的直線或圖3的正方形都顯得不直不正。另外，圖4的斜線其實是一條直線，因爲兩個長方形蓋住線條的一部份而看不出是一條直線。這些都是線條的魔術。

圖1

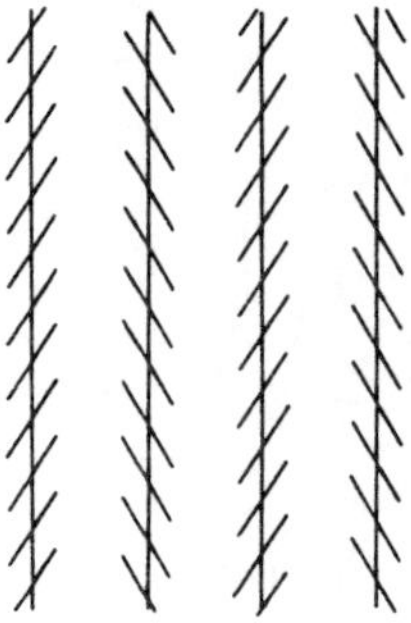

圖2

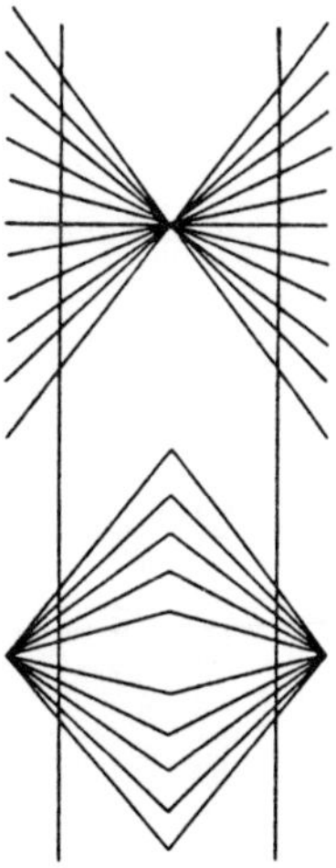

圖3

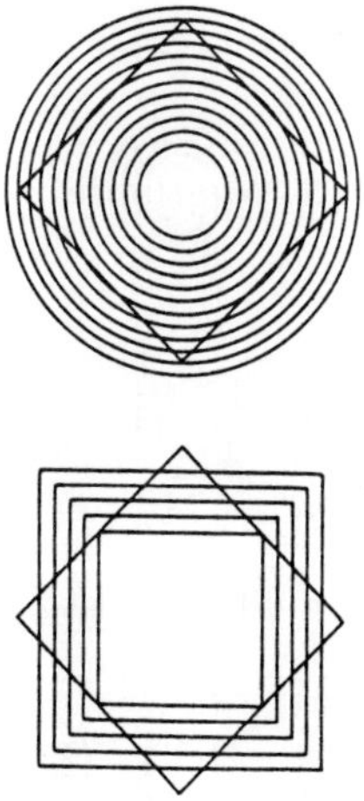

圖4

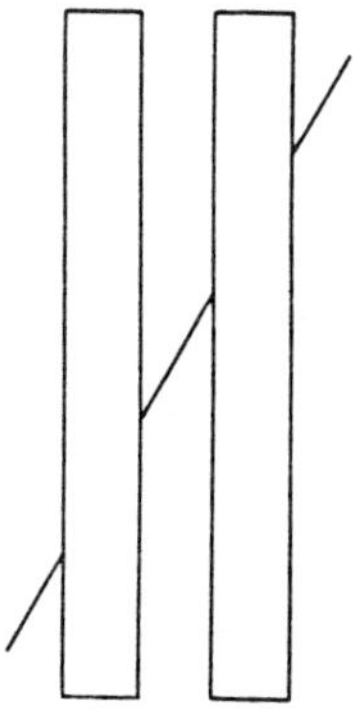

♠螺旋狀的陷阱

圖1

圖2

圖3

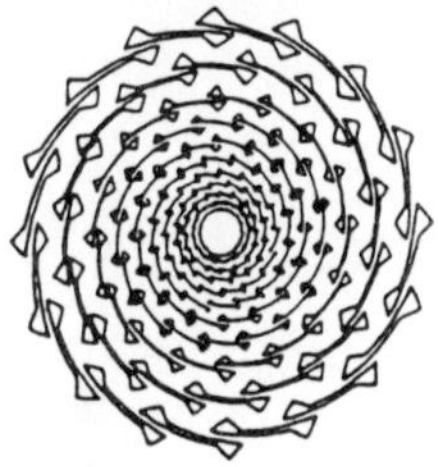

圖4

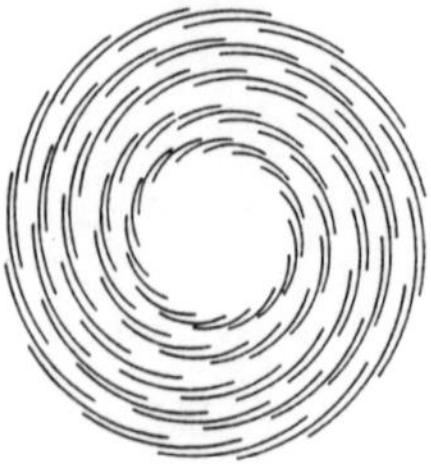

圖5

圖1似乎是一個朝向中心旋轉的漩渦，不過，如果仔細凝視會發現這只不過是數個同心圓，以一定的角度描繪而成的圖形。而圖2～4是將圖5的要素單純化而成的圖形。

在圖5A、B看起來似乎一樣，其實A是由一條線所描繪而成，B則由兩條線描繪成。

3
未確認的自己本身
挖掘他人底細的色彩心理學

★刀叉的性格判斷術

用餐時的習性很容易暴露幼兒時期所養成的生活習慣或性格。

你使用刀叉時是用什麼方式進食?

A、從左端開始切食物、一切一口地吃。
B、從右端開始切食物、一切一口地吃。
C、全部切成小塊後再一塊一塊地吃。
D、從正中央切開再一切一口地吃。
E、只切一小塊再慢慢地吃。
F、切割法經常改變。

A

這是最普遍、重視形式的類型。一般的生活方式只要是合理的，似乎就能充份地獲得滿足的人。不過，具有向他人灌輸自己的觀念或生活方式的傾向。若認爲自己的觀念正確，則難以聽從他人的建議。

B

性格較爲溫和。具有體貼他人的心，也是旁人眼中容易親近的人。即使內心有所不快，多半不會表露在外。在人際關係上經常努力與他人配合的類型。

C

沒有獲得想要的東西會焦躁不安。想做的事不論遭受任何的反對也勇往直前的强硬派。另外，具有樂善好施的本性，會伸手援助處於困境的人。對人的好惡也非常明顯。

D

幹才型。自我本位，多少具有自率性自爲的傾向。確實實踐想做的事而不猶豫，行動優於思慮的類型。具備社交性能與各種人結爲朋友。

E

現實主義者。不無理强求、懂得讓自己配合目前的生活。具備社交性和任何人都能相處得宜。待人和善，會主動擔任仲裁者，不過，周遭人的協助乃是工作成功與否的關鍵。

F

隨當時的心情而有不同的用餐方式。心情起伏極大，並不在意周遭的情況。多少具有自我本位的傾向。不論在工作上和私生活都不擅長與人交際，因而會有損失或被誤解的情況。

★緊急狀態下所暴露的眞面目

聽到「火災了！」的慘叫聲，醒來時已置身於一片火海之中。這時已無暇搶救財產或搬運家俱。不過，總希望隨手帶走一件物品。如果是你，會拿什麼東西而逃呢？請從以下的項目中挑選一項。

發生火災時根據第一個所搶救的東西，而能瞭解個人隱藏在內心深處的願望和性格。平

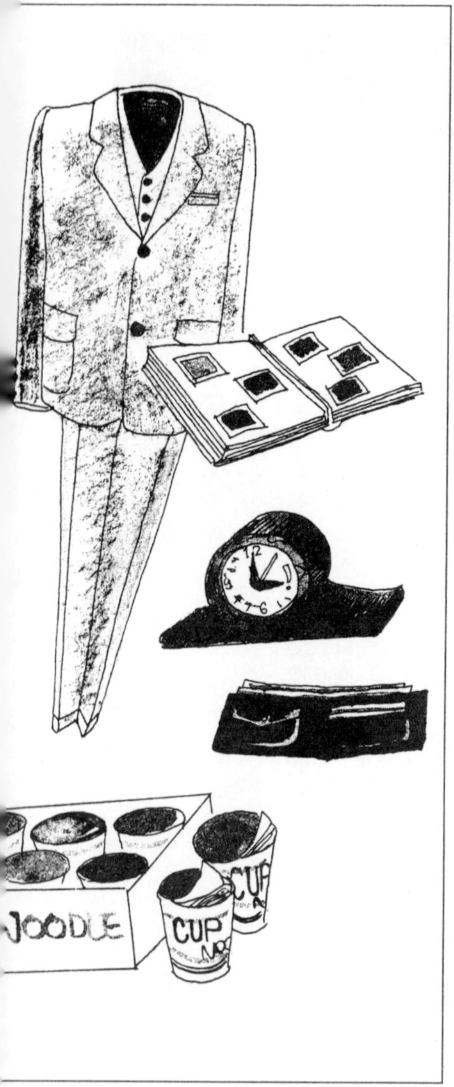

常不表露在外而思考的事情，會在突發的狀況下暴露出來。

根據美國某心理學家的研究，據說在這類突發狀況下會出現帶走實用的物品，及帶走具有回憶或夢想的象徵物品的兩種類型。而男女之間也會出現明顯的差異。

前題的答案一般表示以下的傾向：

西　裝　小心謹慎的慎重派。常識豐富決不魯莽行事。責任感強、能認真而據實地達成工作的類型。但是，會因而積壓疲勞致使身體失調。

相　簿　浪漫主義者。感性豐富、美的品味超群。具有旺盛的異性運，會碰到條件極好的異性而可能立即成爲情侶或被猛烈地追求。

時　鐘　個性積極、處事迅速的類型。能力強、腦筋也聰敏。不過，帶有自信過盛的傾向。

錢　包　兼具冷靜與大膽，不會受誘於眼前的狀況，能掌握整體而做正確判斷的人。

速食麵　樂天派、開朗的人。待人和善也樂善好施，然而卻因而無法拒絕他人的請求。

色彩的心理學

★瞭解性格的顏色測驗

對顏色的嗜好有極大的個人差距。有些人喜歡紅色，有些人喜歡灰或黑色。據說這是根據個人的性格或生理而產生差異，根據所喜歡的顏色可以瞭解個人的性格。

對顏色與性格的關連產生興趣並投入研究的是，德國的心理學家魯傑爾，他考察出將人的基本性格分類爲「紅」「黃」「藍」「綠」等四種類型，從而判斷個人性格的獨特性格判斷法。據說只要瞭解對顏色的嗜好即可大致掌握個人的日常行爲，並理解其心中的願望。

請讀者們從**紅**、**白**、**綠**、**藍**、**黃**、**紫**、**粉紅**、**茶**、**黑**、**灰**10種顏色中挑選一個你最喜歡的顏色。

根據顏色的選擇能瞭解你的個性、潛在意識、才能等（分析請參照七九～八一頁）。

根據顏色的嗜好所做的性格診斷結果如下——。

紅

外向型的樂天派。不會爲芝麻蒜皮小事感到悶悶不樂。不過，會直接了當地表達自己的感情。碰到快樂的事情會明顯地表現內心的喜悅，若有不快的事情則又把心事掛在臉上。不做深思熟慮的行動派。熱愛運動，具有引人注目的一面。

白

鮮少將真心表露在外的類型。對他人嚴苛、對自己寬大。表面上會表現出服從他人的態度，內心卻帶著反抗的面從腹背型。如果男性渴望女性穿著白色衣服時，表示對以往的女性感到失望的時候。

綠

現實型。感情細膩、具有卓越的社交性。不過，會重視上下關係或義理人情，也是具有相當保守觀念的人。

藍

幻想家、內向性格。常猶豫不決，渴望心靈的滿足勝於物質或金錢的享受。在異性關係上很容易一見鍾情，不過卻可能輕易地被對方背叛。同時，由於想法過於天真常有失敗。動輒尋求他人的協助。

黃

具有行動力與冒險心，對現狀永遠感到不滿的積極派。具備旺盛的戰鬥力，對於一旦決定的事情即使有點勉强也會貫徹始終。但是，有時會因慾求不滿而困擾，容易與周遭人產生意見上的衝突。

紫

藝術家或追求個性嗜好的人多半喜歡這個顏色。討厭平凡的事物，渴望隨時受到周遭人的注目。不過，容易厭膩、無法持續同一件事物。

粉紅

感情細膩、個性溫和的人。具有同情心與體貼心，會立即伸手援助受困者的博愛主義者。若是女性則是浪漫主義者，重視情調。而男性則對外遇或性方面的期待較强。

茶

茶本來是「土」的顏色，並不醒目，不過，卻代表穩健與紮實。生性討厭引人注目，不會明確地表現自己的意志。堅持固守自己的觀念，鮮少受旁人的影響。既不受他人意見所左右，縱然對方意氣用事而勃然大怒，也能冷靜處之。

黑

從一九八〇年代開始在流行服飾界非常喜好黑的顏色，而黑色本來就是掩飾自己的顏色，代表非個性。女性穿著黑色洋裝時會給人神秘的感覺，散發出一股謎樣的誘惑。本來黑色是象徵「死亡」「絕望」「疾病」，同時它也會掩飾自己的個性，在外表上表現與他人歸屬的心理。所以，在黑色洋裝下可能隱藏著「紅」或「藍」的服飾。黑色具有極大的心理含意。

灰

這是兒童最不喜歡的顏色，他們從不注意灰的顏色。灰色本來是顏色中給人情緒性印象最弱的色調。也可以説是無感動、無感激的象徵。不過，灰色卻能與任何顏色搭配協調。所以，喜歡這種顏色的人，經常顧慮與他人的協調而不強出頭。這個顏色深受中老年人的喜愛，而用顏色來表達與周遭的協調性，時常會選擇這個顏色。喜好灰色的人處事謹慎、追求和平、安全，會對自己的行動節制的人。

★總統夫人所喜好的顏色

據說美國前總統雷根的夫人南茜以喜好「紅色」聞名，她所穿著的外套幾乎都是紅色。甚至白宮的室內裝飾也都選擇紅色。南茜對雷根總統盡心盡力的態度，以及多項參與政治上的建議所表現的積極性格，從喜好紅色中表露無遺。

一九八九年一月廿日就任美國第四十一任總統的布希總統的夫人芭芭拉和前總統夫人南茜在各個方面上形成極大的對比。芭芭拉夫人就職典禮所穿著的外套是「藍色」，和南茜夫人平常慣穿的「紅色」形成對照。藍色代表內斂、溫和、樸素，卻也表示追求夢想的性格。美國國民看到前後任總統夫人對顏色嗜好的極大差異，一定會感覺到將來有一個嶄新的美國要誕生了。

★不景氣下所流行的顏色

在不景氣的時代所流行的顏色似乎具有一個特徵。當景氣真的壞透時很容易流行「黑色」，不過，時代的潮流令人無形中感覺到，將會景氣下滑時「茶」或「綠」遠比黑色受人歡迎。

根據顏色的嗜好或對顏色的選擇而調查印象時，可發現個人性格或願望的差異。有關色彩與性格之間的關連，在歐洲或美國已有各種不同的研究，並深受大家的矚目。在廣告上使用何種顏色和利用那種顏色的印象來强調商品，對廣告的效果也會產生不同的影響。尤其在不景氣的時代，這個傾向更爲强烈。

據説，最近的流行色是「紫色」。難怪流行服飾雜誌上所介紹的服裝常見紫色的展示。

一般人認爲紫色是神奇的顏色。在日本紫色本來代表高貴的顏色，是平安朝時代貴族們所喜好的顏色。而且，也曾經流行在重陽節送紫色的坐墊給年長者爲禮物。

紫色也是藝術家所喜好的顏色，美的品味高或演藝圈的人尤其喜歡這個顏色。據説日本女明星岡田茉莉子就非常喜歡紫色。

根據著名的色彩心理學家魯歇爾的研究，據說紫色是在精神方面產生不安定的顏色，心浮氣躁或用腦力工作的人，特別喜歡這種顏色。

同時，具有不以平凡的事物爲滿足的個性，追求高級、典雅事物的人也喜歡紫色。另一方面，有些學者認爲本來喜歡紅或藍色的人突然喜歡紫色時，乃是疾病的前兆或神經衰弱的象徵。

據說十九世紀德國的作曲家華格納在作曲時間的窗簾、椅子、身上所佩戴的裝飾品等全部都用紫色。

華格納

達芬奇

紫色似乎對藝術性的構想或獨特的幻想造成神奇的心理效果。傳聞達芬奇非常重視教會彩色玻璃紫色的光。他曾說在看得見紫色光影的地方雙手合十進行冥想，即可獲得心緒的安定。

在達芬奇的時代，社會籠罩著一股不安的氣氛。這樣的時代也許具有使人獲得平靜的紫色較吸引人心吧。

不僅是紫色，各個顏色似乎都具有一種神秘效果的作用。

古埃及神殿的裝飾也充份地活用顏色的效果。

研究色彩所具有心理效果的學問稱爲「Kuromu Serapi」。據說與胃腸或肝臟等內臟器官相關、具有緩和心浮氣躁或疾病效果的是「黃色」；緩和感冒或支氣管炎、胸部疾病的是「藍色」；而緩和頭或血管系統、心臟疾病的是「紅色」。

附帶一提的，在裝飾有綠色壁紙的地方飲酒時，據說會喝得爛醉。

★顏色的選擇也會影響商業行爲

這是大阪某工廠的實例。有一天，整天讓作業員們將某些商品裝進黑色箱內，再送到貨車的一連串作業，到了下午作業員們突然顯現出疲備神態，其中陸續有人表示身體的不適。因此，廠長心生一計將黑色箱子全部改塗爲明朗的綠色。結果令人驚訝的是作業員們身體狀況顯見地回復，工作效率也提高、行動變得活潑。這是暗色給人沈重感、明色給人輕快感的典型例子。

還有一例。位於東京國道一號線邊的某家餐廳，將橘色牆壁改塗爲藍色之後顧客的反應並不太好。尤其到了寒冷的冬天常有顧客抱怨「好冷啊！」雖然暖氣設備齊整無缺，卻因藍

色的牆壁而給人冰冷的感覺。

這家餐廳的經營者A先生心想，也許是牆壁的顏色不好而接受色彩專家的建議回復原來的顏色。結果據說在同樣的溫度下再也聽不到顧客叫嚷著「好冷啊！」這也是暖色效果的一例。

在標榜「清潔第一」的醫院，非常注重突顯污垢的「白色」。誠然白色是具有使病房產生明亮效果的顏色。

但是，最近卻有人提出相反的論調。有人認爲醫院使用過度的白色。從實驗結果看來，過度使用白色的確會增強眩目、冷意、壓迫感，因此，有不少醫院讓護士穿著綠色或粉紅顏色的制服。

英國有一座橋以自殺而聞名，該橋後來顏色塗成綠色之後，據說自殺的人數劇減。這座橋的顏色原本是「紅色」，也許紅色所代表的血＝死亡的印象太過深刻的緣故吧。

★器具顏色與面積所造成的差距

根據一項實驗報告發現，同樣的濃度、味道，與所裝盛方式或器皿顏色而給人不同的印象。譬如，將咖啡杯的內側顏色塗成紅、藍、黃三種顏色，再倒進同樣濃度的咖啡讓數名受驗者飲用後，拿紅色咖啡杯的人，約有90%認爲咖啡的顏色「濃厚」、藍色咖啡杯中約有30%的人回答「濃度適中」、黃色中約有25%的人感覺「味道較淡」。一般而言，裝盛在亮度較低的器皿內的食品給人的味覺較濃。

顏色所造成的不同感受，除此之外，還有其他例子。

譬如，訂做西服時，一般都是以小塊布料製成的樣布册來做選擇。但是，做成西服時布料的面積變大了許多。所以，在樣布册上和成品所看到的顏色的感覺不大相同。布塊面積大小也隱藏著顏色的玄機。換言之，布塊面積越大時整體的印象顯得較明亮、鮮豔而華麗。

★肢體語言所傳達的訊息

談話中的肢體動作，有許多是理解對方性格或當時心理狀態的線索。譬如，以日本自民黨前三巨頭宮澤喜一、竹下登、安倍晉太郎的手的動作爲例，仔細觀察他們談話時手的動作，會有令人意外的發現。因爲，他們三人都有其各自不同的手勢語言、手的癖性。

談話時舉起雙手做上下緩慢擺動的前大藏大臣宮澤喜一，一副理論家的模樣，向對方做說明時帶著說服的語調。雖然態度謙恭卻具有絕不讓自己的弱點暴露在外的慎重，過失少、記憶力超群的人常有這個肢體動作。

談話時常有伸出食指指向對方的動作，是前總理大臣竹下登。伸直食指談話的人具有强烈的自我顯示感，乖順的外表下有個頑固的心，討厭受人指使的幹才型常有這個動作。乍看下似乎對他人的談話洗耳恭聽，其實是頑固的自我本位者。

在三巨頭中肢體動作較少的是前總務會長安倍晉太郎。個性溫和、能與人妥協的人，除非特殊情況，鮮少動怒的類型。

一般而言，手的動作涵蓋以下的訊息。

根據手勢瞭解對方的性格

〈敞開手掌交談的人〉

個性開放、具社交性、喜好交談。會積極地表現自己，感情的起伏激烈。很輕易地即與對方交往親密，不過，也會立即生厭。

〈習慣用手掩住口的人〉

內向而懦弱。由於不擅長用語詞表達自己的真意，容易遭受誤解。

這類肢體動作是壓力較强的兒童常見的舉止。

〈用手撫摸頭髮〉

隨時在意周遭者的耳目、擔心自己在他人眼中形象的類型。因此，碰到一點失敗或過失常會悶悶不樂。

〈談話時雙手交抱〉

談話時雙手交抱的類型是對談話的對象不表好感或帶有排斥的心理。有時甚至馬耳東風根本不把對方的話聽在心裡。

〈握住雙手談話〉

與對方談話時如果自然地握住雙手或雙手手指交叉，即是情緒緊張或相當認真地與對方交談的證據。

★臉孔方向所具有的含意

與初次見面者面對面交談時，仔細觀察對方臉上的表情可以做爲掌握其人品的參考。有些人會刻意地擺出自己的右臉，有些人則喜歡露出左臉。另外，面對面交談時有些人會稍微低垂著頭，有些人則習慣上揚著頭談話。

這些表情和個人的性格、職業、社會地位有極大的關係。

美國某心理學家曾經根據活躍於十九世紀到二十世紀的畫家肖像調查過臉孔的方向。據其調查，描繪左向臉（常擺出左側臉）的畫家居多。不過，像梵谷帶有異常氣質的畫家則例外，他較常描繪右向的臉孔。

而日本的政治家或財經界人物多半以正面拍照。

如果仔細調查正面的人頭照，會發現有些人下顎擺得較低，有些人則有上揚的傾向。充滿自信又具有强烈自我顯示慾的人，在不知不覺中常會擺出下顎上揚的姿勢。因此，臉孔的方向是露出右側臉又稍微上揚，乃是對自己的經濟力或社會地位感到自傲的人。

一般而言，露出左側臉又稍微低頭的人，性格上較爲溫和，具有對他人的體貼心與謙虛。

露出左側臉且稍微上揚的人，是渴望在對方面前表現自己的優點，表面上一副通情達理的模樣，事到臨頭卻會封閉自己。在商場交易上這種類型最令人感到棘手。

希特勒

卡斯特

相對地，露出右側臉而稍微低垂的類型，是精神上處於低迷狀態或帶有極度不安，在人際關係上會灌輸自己的意志或爲了堅持己見而顯得焦躁不安。擺出右側臉且稍微上揚的人，是獨來獨往型，會強迫性地主張自我。不過，工作效率高，深受旁人的信賴。

希特勒的人頭照中常見擺出右臉的照片。但是，整體而言稍微下垂，這是性格上相當神經質的表徵。古巴的卡斯特也是這個類型。

影視明星中有許多習慣露出左側臉。左側臉似乎給人較好的印象。領導者或處於領導地位的人，談話時如果擺出右側臉並稍微上揚，較具效果。

★根據玻璃杯的握法看穿性格的智慧

根據手握玻璃杯時的握法、動作可以掌握認識個人性格或目前狀況的線索。握杯的方式有極大的個人差異，而根據日常心情或所處狀況也會改變握杯法。

〈握住玻璃杯的上方〉

握住玻璃杯最上方而飲用的人，是不拘泥細微小事、個性坦率的樂天派。聲音大、喜歡一邊飲酒一邊談天。目前是處於心境上非常舒暢、開朗的狀態。

〈確實握住玻璃杯的中央〉

具有適應力的安全型，待人和善。略帶無法拒絕他人請求的好好先生傾向。雖然內心百般不悅最後也能配合對方的步調。是屬於顧慮型的人。

〈握住玻璃杯的下端〉

握住玻璃杯下方而飲用的人，思緒細膩，會注意一般人所疏忽的

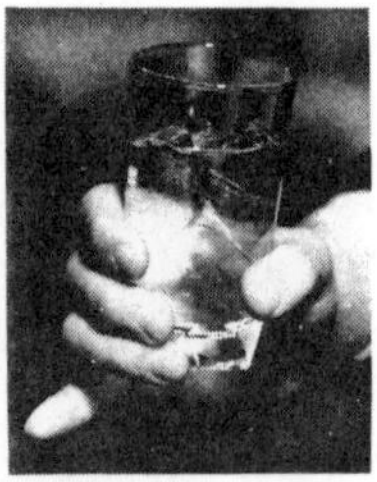

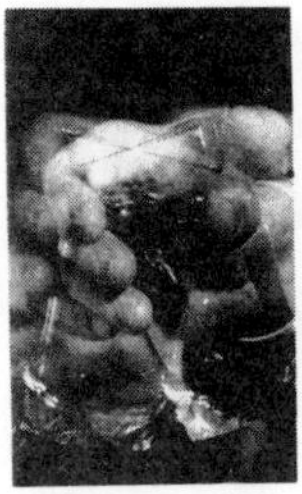

地方。是屬於過份在意對方的內向型。表現這種握法而小指伸直的人，具有極強的神經質。一般而言情緒起伏大，一有不快的事立即表露在臉上或動作上。多半具有藝術品味、屬於智多星型。只不過容易鬧彆扭。

〈用雙手握住玻璃的人〉

有些人用右手握玻璃杯再用另一雙手抱住杯底。這種類型的人最怕寂寞、屬於孤獨型。有時渴望與他人交談、胡鬧起哄卻無法隨心所欲。與人並肩相處時會產生渴望觸摸對方身體的慾望。對異性非常關心。

〈飲用時搖晃玻璃杯〉

有些人會搖晃玻璃杯產生冰塊撞擊的聲音。這種類型者不擅長處於安靜狀態，缺乏沈著感。對任何事物都感到關心，興趣也多。無法長時間久坐，必須到處走動才覺得舒暢。

〈手握玻璃杯又抽香煙的人〉

一手握玻璃杯再用另一隻手拿煙蒂或其他物品的人，對工作或才能具有自信。多數人會從事具有個性的工作而發揮實力。在與人交往上容易形成死黨、流派。

★從醉態窺視眞面貌

根據美國心理學家的研究，大量飲酒者多半具有改變自我性格的願望。換言之，一般人喝酒是喝到使自己的性格轉變爲自己渴望的模樣。

所以，並非因好喝而飲酒，而是基於想要飲酒的心理狀態才飲酒。

有些人幾杯黃湯下肚立即判若兩人，而有些人依然故我。一般而言，喝完酒後話變多或變得活潑的男性居多。如果注意觀察開始醉酒的狀態，必會發現許多有趣的現象。

以下介紹其中主要的狀況。

〈話變多〉

平常沈默寡言的人，喝了酒後變得饒舌，即是平常人際關係過於緊張的緣故。性格一絲不苟、耐力特强。對長上會表現恭謹的態度。對女性也認真誠懇。

〈敲打物品、四處走動〉

黃湯下肚後動作變得活潑的人，具有强烈的叛逆性、慾求不滿。討厭被形式所束縛，當不得已必須持續迎合他人的狀況時，就會出現這種舉動。同時，對同事或前輩、上司等帶有不滿。

〈變得消沈〉

平常個性活潑、行動派或攻擊性的人。樹敵也多，會迅速執行自己構想。做任何事都能隨心所欲。欲也有所不安。有時可能渴望改變自己的生活。

〈流淚〉

熱情家、浪漫主義者。碰到喜歡的女性會猛烈追求而難以壓抑自己的感情。同時，也可能因爲平日努力克盡職守，卻遭受背叛而感到

强烈不滿的時候。喝酒後變得容易落淚，是對性的慾望較强的男性。

〈吃女性的豆腐〉

性衰弱的象徵或無法適切發散自己的慾望。當對金錢或工作提不起興緻而感到不滿，時常有這種舉動。大多是中小企業或平常過於忙碌的董事長。

〈依然故我〉

喝酒後不會暴露真面目的人可能是過去曾因酒精而失敗。或者對自己的缺點抱著過度的警戒心。

〈唱歌〉

社交性、樂善好施。確實區別公私生活的類型。具有將來性，值得依賴。不畏失敗能充份發揮自己的技術或個性，以配合工作的類型。

〈動怒〉

有些男性酒一喝多，脾氣變大或向旁人發牢騷。這種類型多半耐

力强、行動派。運動員常見這種舉動，不過，醉醒後會低頭謝罪。發酒瘋時似乎毫無意識。

〈睡覺〉

有些男性喝了酒立即想睡或盤起手來打起瞌睡。屬於內向性格、意志薄弱的人。是經常附和他人的「應聲蟲」類型。與異性交往時若被父母反對則失去追求的勇氣。過於老實而缺乏魄力。不過，對女性而言卻是可以操縱在股掌間的人。

〈不敢喝酒〉

有些男人連吃一點浸酒的泡菜也會醉酒。這種人有其個人的死黨，討厭和大家胡鬧起鬨的孤立型。

〈適度享受飲酒〉

必須迎合他或同心協力處理公務時，能巧妙地配合他人。

〈反覆著「乾杯」〉

外表溫和卻意外地頑固，看似具有體貼心卻多半是冷酷的男性。

★對女性的勸酒法

男性向女性勸酒時各懷「鬼胎」。譬如渴望藉酒掌握難以控制得宜的女人，或期待與對方一起同樂等等。

據說在歐洲香檳是「戀愛之酒」「風流之酒」的象徵。奧黛麗赫本在「黃昏之戀」的電影中，也曾經出現賈利古柏爲了與奧黛麗赫本偷情，而準備了香檳的情景。

向女性勸酒時先詢問對方「喝酒嗎？」再爲對方斟酒的人，多半不會强迫性地灌輸自己的觀念、性格溫和的人。

不論對方是否飲酒而逕自爲對方斟酒，乃是渴望隨心所欲駕馭對方的心理作祟時。而對方尚未飲盡杯內的酒，卻又將其杯內注滿酒的人，則是具有想要誘惑對方女性或儘早佔爲己有的慾求。

根據美國社會調查研究所的調查，據說喝啤酒是一種潛在性的「鬆弛」象徵。換言之，亦是表現輕鬆的心情、開放的氣氛。

男女約會時喝啤酒的男性，多半是想向對方傳達自己原本的面貌。所表現的是毫無警戒心的坦率自己。如果男性向眼前的女性勸喝啤酒時，則是具有渴望對方認同自己的心情，或輕鬆地交談的潛在期待。這類男性不矯揉造做作，也不愛慕虛榮的安全型。

不過對於啤酒有其特定品牌的男性則要警戒。有些人會選擇與其工作環境相關的啤酒，有些人在喝啤酒時也要表現自己的個性。事實上，各種品牌的啤酒味道相差無幾。而指定品牌的人，多半受心理因素的影響。

指定外國製啤酒的人，對事物具有高級傾向、多半是大肆揮霍者。特別鍾愛德國製啤酒的男性，則是渴望標新立異向女性表現自己異於常人。

至於喜歡黑啤酒的男性，多半對體力或堅強的形象帶著憧憬。

如果男性向妳勸酒時，妳應該仔細地留意對方勸酒法或所指定的品牌。也許妳可因此而免去羊入虎口之災？

★香煙抽法的讀心術

世界各地的禁煙運動日漸普及的現在，據說相對於男性抽煙率的降低，而日漸增多的是女性的抽煙率。俗話說「香煙是大人的吸吮指頭」。多數抽香煙的人似乎並非因香煙可口而抽煙，是基於心情上的理由。和兒童心浮氣躁時爲了獲得安全感而吸吮指頭的行爲一樣，嗜煙者也是藉由抽香煙以獲得心情上的鬆弛。

事實上，從抽香煙的方法也會暴露個人性格。法國心理學家貝爾傑就針對抽香煙的方式與性格之間的關連做了各項研究。簡單介紹如下。

〈抽香煙時伸直拇指而按住下顎的人〉

剛陽氣强，具有體力、自我顯示慾旺盛的人。個性頑固很難暴露真正的自己。必須花費相當長的時間才會與人打成一片的類型。

〈用食指與中指內側指間夾煙的人〉

步步爲營的慎重派。由於凡事仔細考慮再採取行動，因而下決斷前耗費相當長的時間。對事物具有超强的耐力，有雞蛋裡挑骨頭的毛病。同時，對數字方面也極爲挑剔。

〈用食指與中指指尖夾煙的人〉

樂天派、待人和善、喜好交談的社交家。多半是無法拒絕他人請求的好好先生。不過，略有輕薄之處、有脫線之舉。

〈口銜著香煙並用手做其他動作的人〉

對自己專門的工作具有信心，簡直是「工作狂」的類型。對自己的工作帶著驕傲與自信的幹才型。新聞記者多半屬於這種類型。

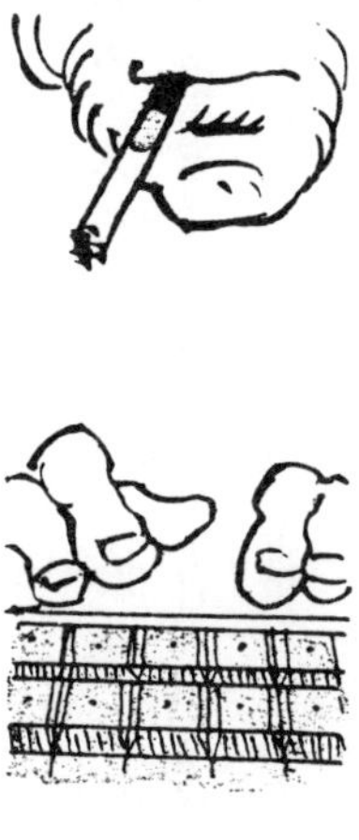

〈把煙吹向眼前對方的人〉

具挑戰性、無視對方的存在或對其帶有强烈的攻擊心，時常會出現這類動作。個性頑固不被對方所左右，略有虐待狂的傾向。

〈香煙噴向下方或側邊的人〉

吐煙時會留意避免吹向對方的人，非常注重人際關係的和諧，是具有體貼心的人。對他人絶不會無理强求的溫厚篤實型。

當然，這些傾向只適合抽煙者。各位不妨注意一下辦公室裡的景況。一定有人符合以上六種性格分析中的一項。

★從握手瞭解心理與人品

沒有比政治家的握手更來得現實。選舉前與當選後擁有高官厚祿時的握手甚至在握勁上都大不相同。

握手可傳達多項訊息。因為，在無意間可瞭解對方的熱誠或所處的狀況。

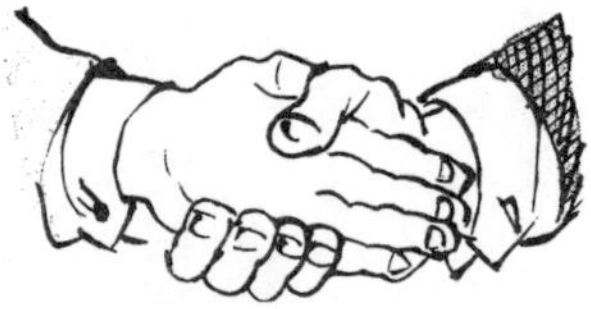

握住指尖的人　握手時只握住指尖大多是女性向男性握手的情況，這是為了避免自己的體溫傳達給對方、有所戒慎的握手法。若是男性向男性握手時則是對對方帶有好感的證據。

用力握手的人　極渴望向對方誇示自己能力的時候。勁敵意識或對抗意識強的人。

握住對方雙手的人　將對方的雙手包住般地握手的人是想向對方傳達體貼心或親密感。也是一種懇求請求的表示。

一隻手握手另一隻手扶著對方的肩或手臂的人　這表示工作上長上順序或想要領導對方的心態表示。地位、名譽、慾望強的人。

握住時上下大幅度擺動的人　社交家、樂善好施。會率直地表露自己的感情，情緒易熱易冷。是值得倚賴的同伴卻也是令人畏懼的敵人。

握手時出汗的人　感情脆弱、認生、對人的好惡極為明顯。雖然在言詞上逞強鬥勝卻意外地純情。相反地，手掌顯得乾燥的人具有忍耐力、頑固。

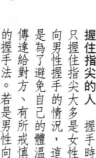

★兒童的性格由父母形成

母親會製造兒童的臉孔

最近，中小學生的自殺事件有日漸增多的傾向。究其原因必須從家庭、學校及整個社會的因素來考慮，不過，一般人似乎把它歸咎在電視、週刊雜誌、漫畫等媒體的影響。

但是，果真如此嗎——。

「身為父母所表現的日常行為對兒童性格形成會造成極大的影響，但是，為人父母者卻毫無知覺。」

法國的心理學家法蘭西斯·博爾曾針對親子間的關係做如此的評論。

對兒童而言引導其認識世界的窗口大概就是其父母吧。他們對父母的言行舉止會有立即的反應。譬如，兒童看見母親悲傷的表情會感到不安，而看到愉悅的神態則覺得安心。兒童基於本能會揣測父母的心情。

換言之，幼兒是藉由模仿父母的表情而形成其臉孔的表情。做母親的如果試著在幼兒的面前裝出一副愁眉苦臉的樣子，這個孩子必會忍不住哭出來。

這類情況並不只是兒童才有的現象。在

成年人之間也經常可見。譬如，在公車上與他人面對面而坐時，不知不覺中會自然地模仿眼前者的動作。

人的表情很容易表現這類「反射性共感」的作用，在親子間的鑑定上這個作用最具效果。

夫妻吵架會造成兒童的不幸

多數父母都渴望自己的孩子性格開朗、勇敢堅強。但是，其實最重要的應該是改變父母本身神經質的性格，避免過度干涉孩子的行止吧。

為人父母者如果整天吵鬧不休、對日常生活常有不平不滿，在無形間會帶著一副苦瓜臉、不愉快的神情。而這種臉孔在不知不覺會傳染給孩子。所以，即使碰到不愉快的事情也應盡量努力緩和自己臉孔的表情。

據說兒童所具備的基本道德觀也是從父母身上潛移默化而養成。如下面的例子。

有一個從幼兒期每天目睹自己的母親被父親毆打的女性，當她長大成人之後認定互毆乃是夫婦吵架的最佳解決之道。一旦有不如意的事情就自然地想到毆打。

同時，平常看慣父母毆打的兒童，據說到達適婚齡非但不想結婚甚至對異性產生潛在性的厭惡感，而對同性帶有好感。

★令人畏懼的異常性格世界

人本來具有主動適應自己環境的機能。但是，有些人懂得如何應順潮流、配合社會的變化，而有些人則辦不到。當出現意想不到的景況時，有的人能巧妙地因時制宜，而有些人則不知所措。當適應力的畸形以各種異常行動表現出來時，會產生各種的精神障礙。而社會日漸複雜人際關係更加繁複時，異常行動也會呈現各種不同的樣態。

如果將異常行動大致區分，則可分成以最異常的形式表現適應的「精神病」；程度較輕卻無法適當適應而造成日常生活上障礙的「精神神經症」；性格本身的異常所肇因的「精神病質」等三種。

這些異常行動也很難區分其異常程度與正常的範圍，不過，很明顯地令人感覺異常的是精神病。而疾病的原因是因腦障礙或身體上的疾患、酒精中毒、迷幻藥中毒而引起的，稱爲「外因性器質性的精神病」，而沒有明確外因的心理畸形所造成的，稱爲「內因性精神病」。「精神分裂症」、「躁鬱症」、「癲癇」就屬於這種類型。

有一天，我的事務所接到這樣的一通電話。

「老師，我是○○○。你知道我的名字吧?你瞭解我的事情吧?」

當然，我對打電話而來的那位女性毫無記憶，不過，暫且聽她說明緣由。據她所言她常被某人窺視並受到騷擾。而騷擾她的人告訴她說：「我會把好的事情告訴淺野先生。」最後，在電話那一端的女性流著淚說：「在這樣下去我會被殺死。」

在精神分裂症初期症狀中常見與這位女子類似的情況。彷佛聽見他人的談話或聽到對自己的批評的幻覺，被稱爲精神分裂症的「陽性症狀」。當這種情況持續一久，會慢慢地討厭與人接觸，不再渴望追求心靈的交流。這些人會認爲自己心理所產生的不快，或痛苦的事情完全是周遭人所造成的結果，不久甚至無法區分自己和他人的差別。分裂症的「分裂」這個語詞就是由此而命名。僅次於前者的精神病是「躁鬱症」。處於躁狀態時情緒變得高昂，而在鬱狀態時則又變的極端不安、焦躁。這種情緒的極端起伏比常人多。中老年人常見這種症狀，而處於壯年期的上班族自殺的原因大多也是躁鬱症。

患躁鬱症者碰到重大的過失或在工作上觸礁時，往往認爲責任是錯在自己。由於很容易帶有罪惡妄想，結果常被逼上自殺的絕路。雖然在程度上還不致於到達精神病的地步，但是，現代社會卻製造了各種心理的疾病。譬如——。

在公車、火車上自言自語的人

搭公車或火車時偶而會看到自言自語的人。其中甚至有人不明究理地敲打椅子或窗户。當事者在無意識中所反覆的這類行動到底因何而起？

這是歇斯底里現象之一，是藉由言語或動作以發洩內在焦躁或不安的一種「代償行動」。雖然内心緊張得渴望大聲吼叫，卻無法隨心所欲時，即感到焦躁不安。

另外，也可能是因内心焦慮幾乎到達想要破壞物品、痛毆他人的程度，在無法實行的焦躁感下而敲打窗口。

過食症（懼食症）

一天到晚毫無限制地吃東西，不吃則感到不安的人稱爲「過食症」。搖滾樂大師艾爾畢斯‧普雷斯李經常一次吃十個以上的花生，結果減短了壽命，這是最典型過食症的例子。

相反地，一概不吃任何東西的是「懼食症」。當然，不吃東西一定會死。美國著名歌手卡蓮‧卡本就是因此而命喪黃泉。

「吃」的行爲也會改變人的心理。當心理感到極度的不安時，甚至無法控制飲食。而值得研究的是，多數過食症或懼食症的人，都有睡眠時間不規則或晝夜不分的生活習慣。

彼得邦（童話中拒絕長大的少年）願望

在女性從家庭走進社會，經濟獨立的女性日益增多的現代，對男性而言，交女朋友、找結婚對象似乎不再得心應手，反而令人大感棘手了。而在單親家庭（父親不在）環境下度過其漫長少年期的青年，在其成長過程中更強烈地受到母親的影響。

如前項所述，佛洛依德認爲人的性格形成和性慾的發達有極大的關連，不過，在嬰兒躺臥母親的懷裡，從其乳房吸吮乳汁而體驗快感的「口唇期」，會產生驕縱的性格或依存性。

所以，依賴母親期間較長的人，在其性格成長過程中會產生偏頗。

本來應從父親身上體驗到的男性化、堅強與勇敢，甚至透過母親而學習。有些分明已是二十多歲的大男人，卻表現十幾歲男孩一樣的嬌氣、缺乏獨立性。堂堂大男人卻愛施粉墨，對於身材苗條彷彿服裝模特兒的「男人」憧憬不已。像這類現象被稱爲「Peter Pan症候群」（拒絕長大症）。這些人長大成人後，仍然藉由退化到被母親疼愛的幼兒期，以獲得安全感。

有些人在一流企業工作，一旦有所不滿即不假思索地離職，或讀了好幾年大學仍舊不畢業的「長期留年」，以及毫無理由的「長期曠課」等，都是「Peter Pan 症候群」之一。

強暴願望

近年來以強暴爲主題的電影日漸增多。在歐美強暴犯罪也急速地增加。這並非性道德觀低落的影響，反而可以說是現代人疾病的徵候。

「小兒屍姦」是對無抵抗能力者施暴的性犯罪之一。嫌犯被逮捕而詳細調查其暴行時，發現多半是生活本身不安，再加上精神也不安定者所犯下的罪行。這是對工作或賺錢缺乏信心而藉由這種行爲發洩，對社會產生不滿的一種「替換」行爲。

當這類不滿或自卑感以異常的形態向女性發洩時，則變成强暴行爲，如果缺乏實踐這種罪行行動力或體力的人，則會以在身體上比自己懦弱的「少女」爲對象，做出這種異常行動。

眨眼、晃肩的「肌肉抽搐症」

頻繁地搖擺肩膀或不停地眨眼睛的動作，稱爲「肌肉抽搐症」。「肌肉抽搐症」也有其心理上的原因。幼兒期心理上的壓力也是造成這種癖性的要因。幼兒期生長在嚴厲的環境或神經質的人，越會出現「肌肉抽搐症」。這是過度注意、緊張或連續的不安而引起的癖性。

即使自己想要控制這種習性也無法改正。而且，有時越在意，反而會使情況變得更嚴重。

★憂鬱者易得癌？

從一九七〇年後半開始，有關疾病與心理之間的關連研究陸續地發表，從無數的發表中發現肉體會受心理影響，而憂鬱的人比樂天派性格的人較易染患疾病，同時，沒有親近伙伴的人壽命較短。

譬如，有些研究發現喪失配偶者數年後染患疾病的機率很高，而沒有親近朋友的孤獨者其死亡率也比一般人高出三倍。

根據在匹茲堡大學的癌研究所進行調查的心理學者雷比的報告，據說保持心情安定而開朗的乳癌患者，其延命率較高。

世界聞名的心理學家愛然克在一九八八年尾發表易患癌症者具有某種性格特徵的報告。他把人的性格分為四種並進行性格測驗，而做了分類。

・Ⅰ型性格　癌誘發型性格（對事物思慮過深、神經質、悶悶不樂的類型）。

・Ⅱ型性格　心臟麻痺誘發型性格（感情的壓抑高，易焦躁、勃然大怒的類型）。

・Ⅲ型性格　健康型性格（性格溫和、適應力高的類型）。

・Ⅳ型性格　積極健康型性格（耐力強、具行動力、樂天派的類型）。

據說其中癌患者以Ⅰ型居多，而心臟病或腦中風者以Ⅱ型為多。至於Ⅲ型與Ⅳ型的類型中，癌或心臟病患者較少。同時，據說癌症患者的性格若能努力去改變為Ⅲ型或Ⅳ型，也會增強對疾病的抵抗力。

4
愛與性的心理
男女之愛的型態

♥從圖畫瞭解對異性的慾望度

傍晚時分在公園散步時突然發現眼前的椅凳上有一個人影。因燈光暗淡看不清楚其臉孔。坐在椅上的是男人還是女人？年齡大概是幾歲呢？請聯想看看。

※　※　※

以一〇〇名上年紀的女性爲對象來進行這個測驗時，有七〇％回答是「男性」，回答「女性」只不過十人中的三人。

一般而言，對異性的關心度越强，若是女性會回答「男性」，若是男性則回答「女性」。其實從合理的觀點來看這個圖，看起來可能是男人也可能是女人，所以，正確的答案應該是「無法斷定」。但是，具

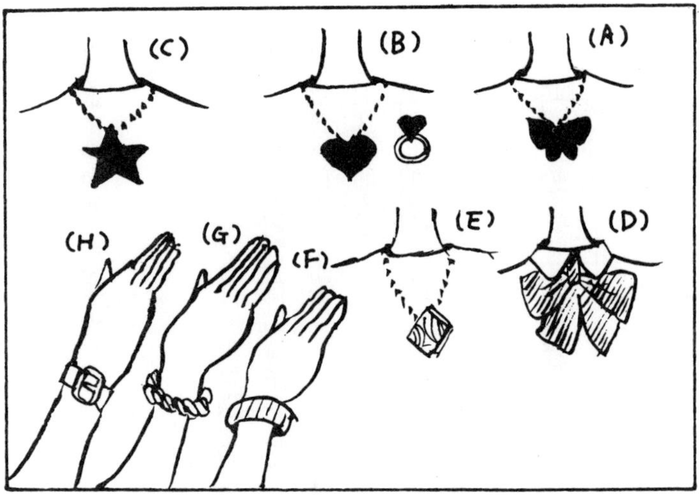

有羅曼蒂克幻想的人往往會認爲是異性，而認爲是同性的人在男女交際上不會表現積極與關心。

同時，在年齡方面如果目前有交往中的異性或渴望周遭者認同自己的戀情時，往往會想像比自己的年齡高出許多。

相反地，認爲和自己的年紀相近的人，是對自己目前生活具有信心又感到滿足，因此，在異性關係上的慾求不滿較少。

※　　※　　※

其次是對女性讀者的測驗。如上圖所示有八種項鍊墜及手飾。在這當中妳最喜歡穿戴在身上的是那一個？

A　蝴蝶或松鼠等生物的項鍊墜

B　心形的項鍊墜或戒指

C　星形的項鍊墜或戒指　　D　胸口打個大蝴蝶結　　E　木製的項鍊墜
F　金色粗大的手鍊　　G　鎖練狀的手鍊　　H　錶帶形的手鍊

※　※　※

喜好裝飾品的女性多半對戀愛的態度積極，而根據裝飾品的內容也會傳達其內心的某種意圖。譬如，改變裝飾品時多半意味心理上的變化。

選擇A的人——渴望與衆多男性交往的花花女郎型。

選擇B的人——內藏熱情的人。如果男性無法巧妙誘導，也許難以發展爲戀情。

選擇C的人——渴望被認同個性的人。承受不起男性的讚美詞，會得意忘形。

選擇D的人——帶著恐怕交不到男朋友的不安，處於等候某特定者出現的狀態。

選擇E的人——對男性具有警戒心。有時會被美麗的女性吸引而對男性不感興趣。

選擇F的人——對金錢或物質慾較强的人。在戀愛方面也是追求經濟上滿足，勝於愛情。

選擇G的人——憧憬父兄輩的男性。所謂的「戀父情結」。

選擇H的人——正是所謂慾求不滿型。與男朋友分手或感情觸礁而感到鬱悶。

♥戒指所傳達的女性心理

女性穿戴在身體上的裝飾品並不只是爲了裝飾而已。裝飾品是瞭解女性渴望强調自己身體的那一個部份，或平常憧憬那些事物的訊息。

其中就以戒指是瞭解女性的重要線索。戴在左手無名指上的戒指，如果是結婚戒指當然是已婚者，不過，戒指所傳達的訊息並不僅只於此。根據戒指所穿戴指頭的不同也能探討女性所處的心理狀態。

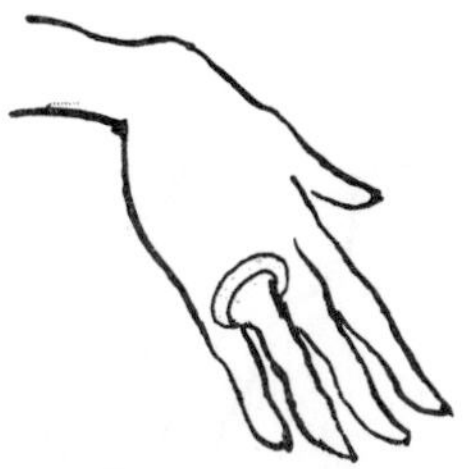

戴太大戒指的女性

多半自我顯示慾强、性格上有點歇斯底里的女性。自尊心高，不會輕易答應男人的邀約。尤其是在中指載一個特大而醒目戒指的女性，如果不小心應對，恐怕會使男性大感棘手。中指是最引人注目的指頭，也是表現自我的時髦感最强的指頭。在這個指頭戴一個特大戒指的女性，一般而言服裝也顯得華麗，在性方面表現大膽，不過，與這樣的人產生關係時會糾纏不休。

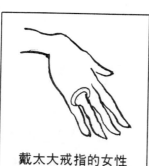

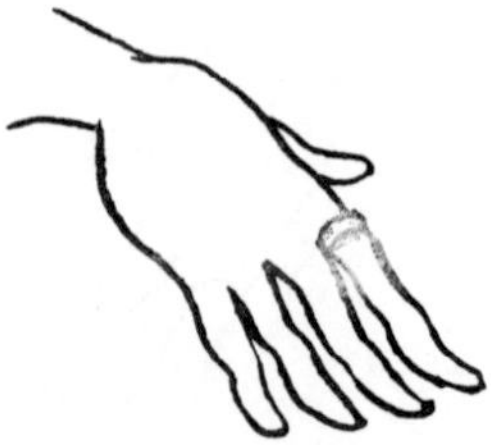

在食指戴戒指的女性

十足的野心家。對性並不太感興趣，倒是專心投入於工作或興趣的類型。多半是話多、表現力豐富的女性。這種類型者連秘密之戀也會立即告訴他人。食指是手指中動作最多的指頭，喜歡在這裡戴戒指，是自我表現慾較強的人。同時，在食指上戴戒指，乃是刻意使自己手的動作更顯得活潑的心理作祟。

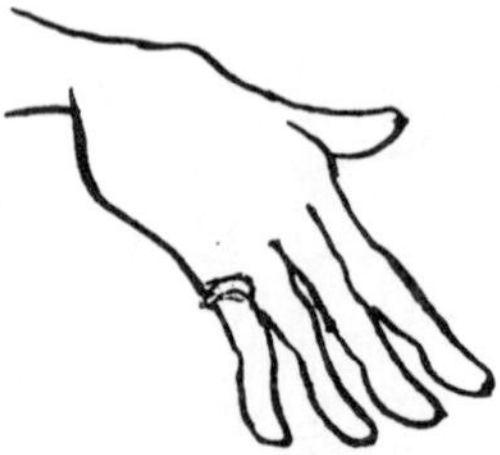

在小指戴戒指的女性

是具有個性的女性，討厭受束縛，喜歡偷情或追求刺激。如果在小指上戴一個異常大的戒指時，這種女性毫無疑問的，是追求性的刺激。這種類型的女人，很容易在旅遊地做愛情的冒險或產生畸戀。男性中也有人在小指頭戴戒指，這種人一般而言對性的關心度較強，多半是時髦感敏銳的花花公子型。

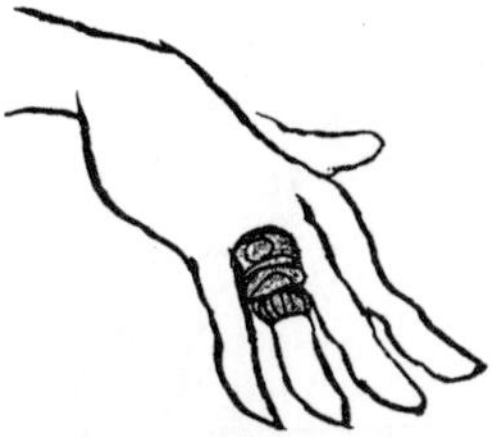

一指上兩以戒的女性
在個頭戴個上指

在一個指頭上戴兩個以上戒指，是保守與前衛的情緒混雜一起，內心感到動搖的時候。尤其在小指戴兩個戒指的女性，具有旺盛的好奇心，雖然對男性的邀約帶著期待，卻缺乏勇氣。對金錢方面表現强烈的慾求，厭惡貧乏，屬於自立性較高的人。

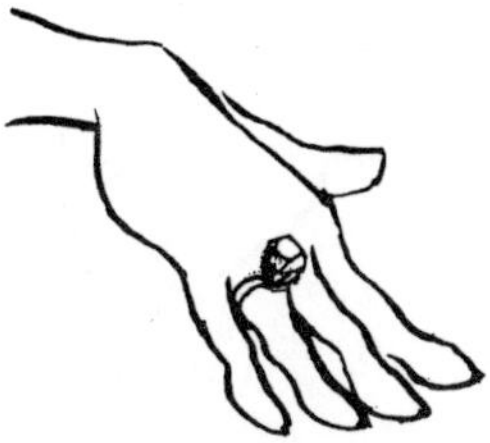

戴珍珠或鑽戒的女性

安全第一主義、不無理强求的女性。除非特殊的情況否則不會紅杏出牆，具有重視名譽、地位的傾向。道德觀也高。一般而言，小戒指表示內斂的性格，不會將自己的慾望率直地表現出來。在無名指戴這種類型的戒指時，乃是想向周遭者傳達貞節的形象。

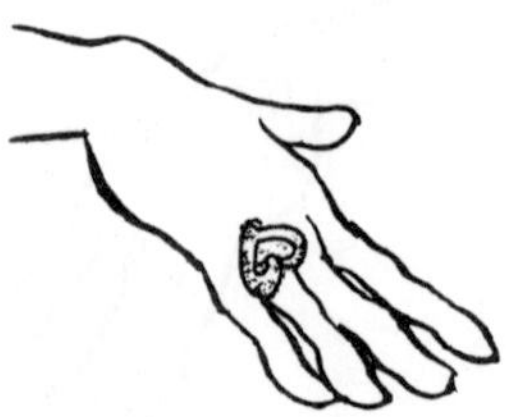

戴特殊戒指的女性

戴形狀特異、顏色鮮豔的「紅」或「金」戒指的女性，具有改變目前生活的慾望，對未來抱著極大的夢想。尤其在左右雙手都戴著特別醒目的大戒指的女性，多半是追求性刺激或具有强烈愛情慾望的人。不過，內心裡卻是安全與刺激夾雜。雖然渴望冒險，對外卻會自我節制的混亂型。具有選擇偷情對象的傾向。

戴金戒指或手鍊的女性

利用「金」的裝飾品打扮自己的女性，是向人傳達若非具有相當地位與財富的男性則不與交往的訊息，身邊極有可能供其花費的護花使者。而男性中喜歡穿戴這類黃金手飾的人，對女性的顯示慾强，具有豔福。金屬手飾是一種自我顯示慾的表現，它代表對自己的財產、地位的自信。期待受周遭人矚目，對異性的慾望强。

♥愛情熱線

在電話中交談的女性沈醉在與對方的熱線中，而忘了自己的神態、舉止。所以，從女性打電話時可以發現其原有的面貌，同時也是瞭解該女性的性格或對異性關心度的線索。

如果仔細觀察女性談話時的舉止行動，也可能大致推測其談話的對象是什麼樣人物。

〔講電話時用手撫弄聽筒或電話線時〕

談話的對象多半是情人或親密的朋友。在無意識中渴望觸摸對方的慾求會投射在聽筒或電話線上，而有如此的舉動。

如果將身體緊貼著聽筒談話時，和談話對象之間的肉體關係已有相當的進展。

〔講電話時臉朝向外側〕

這個時候談話對象大多是家人或同性的朋友、商業往來的伙伴，而所談話的內容被他人聽見也無妨。對談話的內容具有自信，因而不將臉孔朝向聽筒。

〔打電話時頭部稍微低垂、正襟危坐的姿勢〕

談話的對象多半是長輩或工作上的上司、前輩、年長者。與這些對象交談時無形中姿勢會變得僵硬。談話聲音略小，視線固定。

〔用雙手握住聽筒遮掩地談話時〕

話題多半是嚴重或不可告人的事情。例如，擔心被旁人察覺的畸戀或男朋友打電話邀約前去旅行時。打這樣的電話，眼線偶而會瞥向周遭的景況。

〔手上的聽筒稍微偏離耳朵〕

相當的自信家，自傲於自己的體態或才能。非常在意自己在他人眼中的形象，警戒心强、很難暴露真心的女性。時裝模特兒、影視明星、空中小姐等從事女性熱門行業的人常有這動作。這種女性如果不留意談話時的遣詞用句恐怕會觸怒對方。

不過，乍看下顯得好强其實渴望對方溫柔的言語，喝酒後會

出人意外地敞開心房。期待在旅遊地做愛情冒險的，大概是這種類型的女性吧。

〔握住聽筒的下方談話時〕

握住聽筒的下方、接近電話線部位的女性帶有陽剛氣，多半是堅強的女性。行動敏捷、厭惡受人指使的幹才型。不論是工作或戀愛都厭惡半途而廢。一旦下定決心毫不在意旁人的批評而確實執行。

這種類型者並不需要拐彎抹角的言語追求、試探。只要男方有意，可能在認識的當天即發生肉體關係。

〔握住聽筒上端的人〕

這種類型的女性思緒細膩。對任何事物會考慮再三的慎重派，即使是非常愛慕的男性也不會讓對方越雷池一步的潔癖性。在自己無法信服的情況下絕不以身相許。對男性而言，恐怕是難以應付的女性吧。

♥不要被脚線美所誘惑

觀察女子從車上下車時的方法，可以瞭解對方的性格或在床上的反應。

〈伸出一隻脚預備下車〉

天真無邪，會任由男性予取予求的類型。對性尚未成熟，卻表現個中老手的樣子，做出大膽的動作。擺出不知廉恥的動作也毫不在意。

〈打開雙脚下車〉

中年女性常見的下車動作，如果是年輕女性採這個姿勢則是對任何事都懶散的人。口不牢靠，容易表現不負責任的言行舉動。做任何事都草率而自我本位。對有興趣的事蠢蠢欲動，不感興趣的事則不顧一屑。

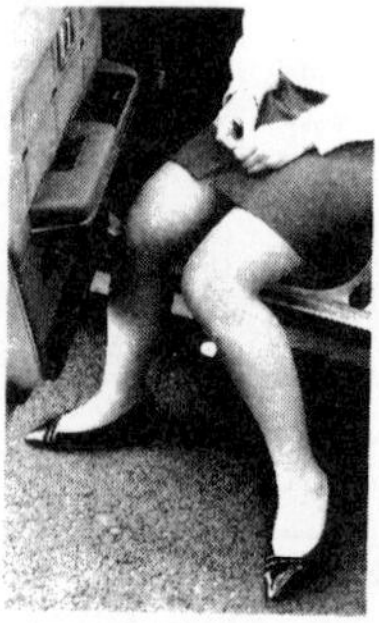

〈抬起臀部準備下車〉

不懂要領的類型。冒失鬼而做糊塗事，不過，具有行動力，行動優先於思考的類型。這種人內心有所不滿時會表現出令人招架不住的激進行動，多半會令男人大傷腦筋。

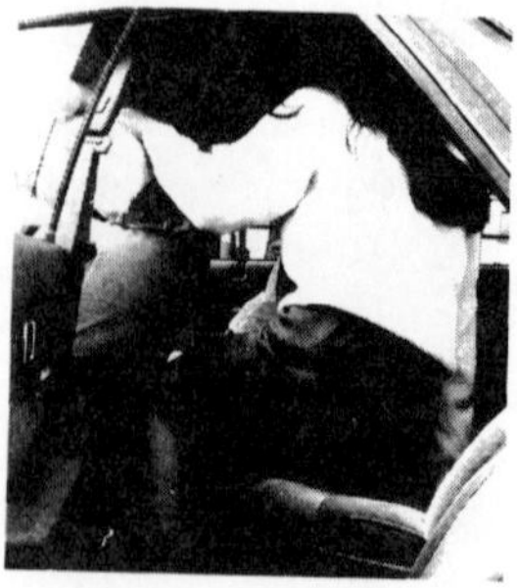

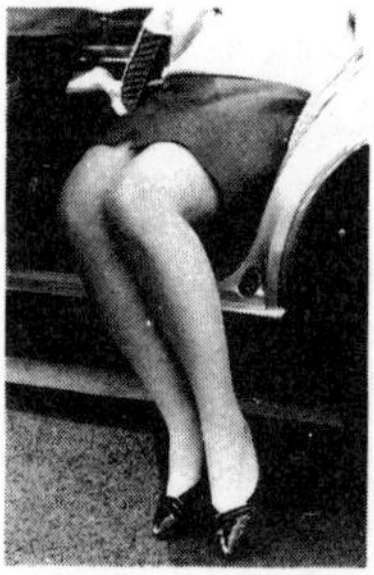

〈雙腳併攏後改變方向而下車〉

這種類型的女子態度認真、思慮深遠，做任何事會先考慮清楚再做行動。在意周遭人的耳目，又具有強烈道德觀的人，不會有特異行止的堅實派。

〈首先將臉探出車外，單腳往外伸出而下車〉

非常在意自己的體態，任何事都講究時髦，對自己的身體具有信心或自尊心强的女子。喜歡被讚美，在床上也講究禮儀。對男性而言是難以掌握的人。

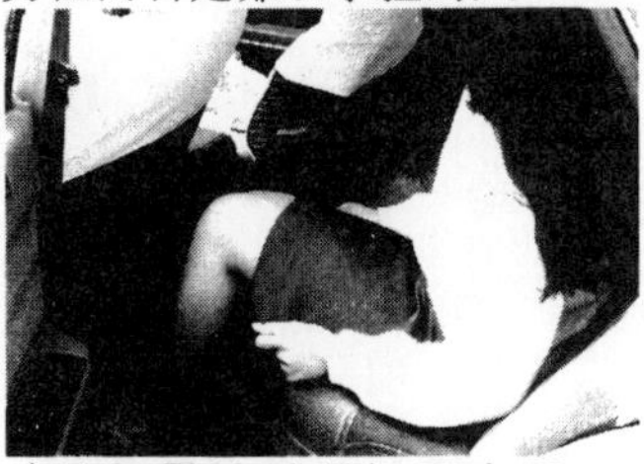

〈先拉起裙襬再慢慢地往外移動的類型〉

具有社交性，和任何人都能相處得宜，懂得男性喜悅的人。隨著男性經驗的豐富會顯得更具魅力，具有吸引男人心的神奇個性。

〈等候男性為其打開車門牽其下車的人〉

下車時等候男性的帶領的人，具有豐富的戀愛經驗或曾經在國外生活的人。這種類型的女子對男性的品味非常挑剔，屬於氣質高的類型。不過，一旦喜歡上某人，會判若兩人地放下身段。

♥能原諒約會遲到的人嗎？

一個男子在車站前靜靜等候，不久出現一名女子開口即說：「對不起，我遲到了。」圖中男子面對前來的女友做何回答呢？請把你立即閃現在腦際的語詞寫下來。

※　　※　　※

處於令人感到慾求不滿的狀態下，根據對他人所採取的反應以瞭解個人性格的測驗，被稱為「P・F反應」。

這是Picture－Frustration 的簡稱，是由S・羅傑茲艾克考察出來的測驗。

根據個人性格而有不同的反應。有些人並不會明白地表示內心的不滿，有些人則會直接了當地訴求心裡的不悅。

不會明確地向對方表示不滿的類型的反應稱爲「無罰型」，直接了當地表示不滿的反應稱爲「外罰型」。而認爲是自己不好或責任出在自己身上的反應稱爲「內罰型」。換言之，回答是「這個時候約妳出來是我的不對」或「那麼忙還叫妳出來真對不起」的反應，屬於內罰型。

這三種反應是根據日常生活的壓力程度而決定。據說精神壓力越高的人越有「內罰的傾向」。

在目前的教育界學童欺侮弱小學童已成嚴重的問題，而這種欺侮的現象並不只限定在學校。在成年人的世界裡也有欺侮現象的存在。人只要形成組織或團體幾乎就會存在令人欺侮的人，「欺侮」也許是人本能上的「惡行」之一吧。

欺侮他人的人在無意識間欺侮弱小，鮮少真正地顧慮對方是否受到嚴重的打擊。被欺侮的人，則常是對於一般人並不在意的事情，也會感受深刻而逕自煩惱的「內罰型」。

♥對失戀類型者的心理考察

失戀之苦並無東西洋之分

在美國有一本由某心理學家所寫的書，一出版即造成轟動，書名是『從失戀找回自己的方法』。也許沒有比失戀更令人難過的吧。雖然說「人是藉由失戀而成長」，事實上，要從失戀痛楚中振作起來的確需要頗長的時間。

不論東洋或西洋人都有同樣的失戀之苦。所以，介紹從失戀中找回自己的心理療法的書籍，理所當然會成爲暢銷書。

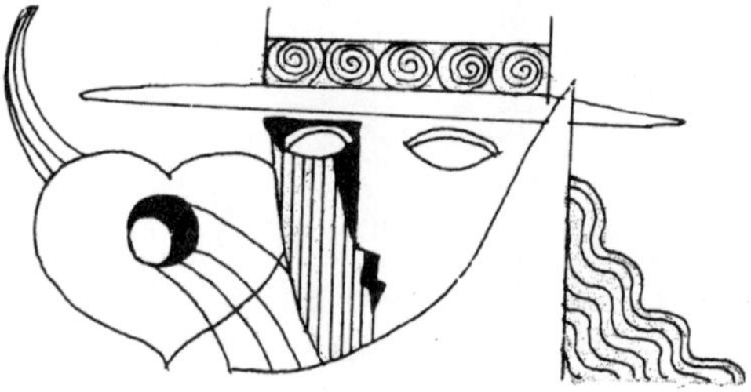

其實失戀者都有其相通的心理狀態。被對方厭惡或因彼此合不來而失戀的人，都具有類似的特徵。

一見鍾情和背光效果

所謂「戀愛是盲目的」，任何人在談戀愛時都會因對方而迷戀，幾乎是處於分不清楚對方缺點的狀態。在情人眼中出西施的作用下，對周遭者所說的「他不適合你」「你們兩個不配」的忠告有如馬耳東風，一旦喜歡上對方，就渾然忘我了。

帶著好感面對所愛的人時，會將對方理想化，甚至認爲「一旦失去這個人就無法活下去」。心理學上將這個心理稱爲「背光效果」。當朝向太陽觀看景物時，會因太陽的炫目而看不清楚景物的真貌。這種狀態就是「背光」。

男女之間的戀愛尤其會出現這種背光效果。而背光效果會因個人的性格或日常生活的態度而改變。立即對他人產生好感或對事物單純地感動的感情型的人，越會將對方往好處去觀察。這些人可以說是失戀的預備軍。

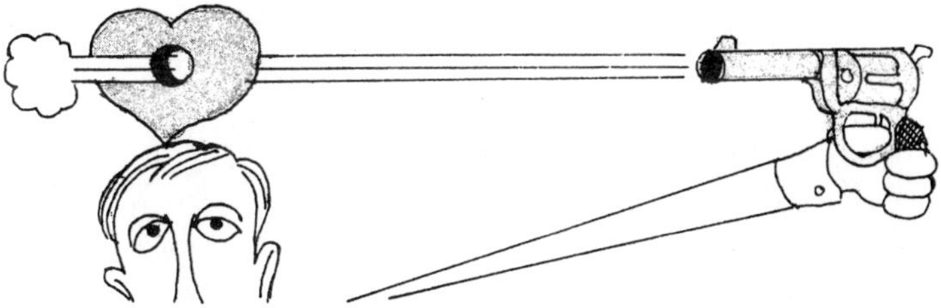

這種人很容易受到背光效果的影響，不過，隨著時間的消逝會變得冷靜，慢慢地察覺原本以爲是優點的地方竟然是其缺點，本來認爲溫柔的談吐方式卻漸漸地對其一笑一顰感到不快。換言之，熱得快冷得也快。

我們往往會把男女之間的戀情想像某種特殊的情況。但是，仔細一想，男女間的性魅力或對性的愛情表現各不相同，其實男女之間的戀情也和男性間的交往或女性間的交往同樣是一種人際關係。

而男性間的友情或女性間的交

往，也都有造成令人討厭的原因或對對方感到失望的原因。

那麼，那一種類型的人具有不受歡迎的傾向呢？

一般而言，受同性討厭的人，在同性間的交往中還經常發生糾紛的人，在男女間的戀愛關係上也很容易產生問題。社會上經常可見一些和同性相處不來卻謊稱：「我和男性較合得來，和女性就是看不對眼」的女人。但是，這類類型的女性總有一天也會被男性背棄，而對戀愛感到失望吧。

男女在交往的過程中當雙方尚

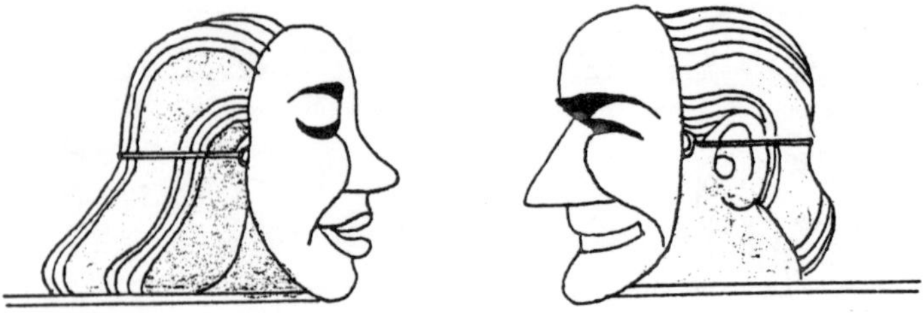

未發生肉體關係的初期階，段彼此會對對方著迷。但是，到達產生肉體關係而熟知對方一切的階段，時則會冷靜地開始觀察對方。從此開始已變成極爲普通的人際關係。

若要對交往的異性產生信賴感並提高愛情，必須從對方的心理發現自己感到共鳴的依據，或認定對方的確是可以分擔自己的夢想或理想的最佳人選。

是否站在對方的立場

在人際關係上極爲重要的是，是否能夠站在對方的立場來判斷事物。如果只顧及自己的立場而忽視對方的存在，在不知不覺中會造成喪失魅力的原因。因此，應該捨棄「他非常瞭解我」「他應該會允許這一點任性吧」之類撒嬌的觀念，養成以體貼的心看待事物，設想以對方的立場會有何感覺，再採取行動的習慣一定會使你的戀愛關係更爲美好。

經常失敗者的性格中多少都帶有一點陰氣。而且，對事物常會從壞處解釋，由於無法樂觀地看待一切，而令對方也感染到一股陰氣、產生悲觀。對方當然無法持續忍受這樣的狀態。

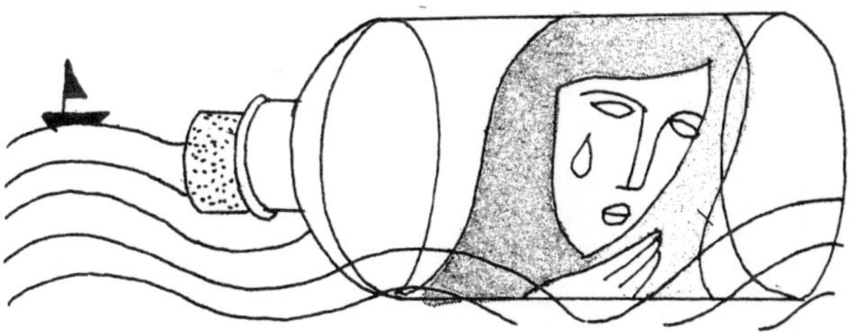

狠下心寫下終止符的勇氣

另一方面，有些人會主動在戀愛的過程中打下休止符。這種人懂得掌握漲潮、退潮的時候，會充份思慮對方與自己的性格差異，一旦認爲將來可能無法和平相處時，即使是喜愛的對象也會斷然地停止交往。

乍看下顯得冷靜沈著的判斷，對對方而言卻可能是殘酷的打擊，不過，從另一個角度來看失戀的人，往往是缺乏這類決斷力、對任何事態度暧昧不明、持續拖拖拉拉關係的人。戀愛事實上也需要瀟灑一揮手的勇氣。

♥內褲和性意識

據說對顏色的嗜好能直接表達個人的慾望。如前所述德國的心理學家魯薛爾曾針對顏色與性格之間的關連做多角性的研究，而顏色的嗜好似乎和性關心也有所關連。對內褲或內衣顏色的嗜好更能表現當時的性願望。根據所穿內褲顏色可以瞭解女性對男性的期待感，並探討其心理變化。

本來一直穿著白色內褲的人，突然改穿粉紅色時，即是某種重大心理變化的前兆。

〈黑色蕾絲的內褲〉

黑色是「强烈的性」的象徵。不但親自體驗性的愉悅也帶有追求刺激的慾念。經常追求生活上的變化，容易受比自己年幼又具體力的男性所吸引。

這種類型的女子一旦與男性產生肉體關係，如無法獨佔該男性則不能滿足。多半會令男性感到棘手。

〈紅色的內褲〉

潛在性地對自己的性器具有信心，自認是「名器」。屬於自我本位的類型，會立即把自己的感情表現在臉上或言詞上。

其任性的地方有些男性會覺得可愛。受心胸廣大、牢靠的男性吸引，極有可能發生戀情並有SEX的關係。

〈金或銀的內褲〉

具行動力，一旦產生性衝動時則難以壓抑，有時會有爆發出來的傾向。

對年齡比自己小許多的男性感與趣，有時會有虐待性的ＳＥＸ。有其固定的男性嗜好，好惡感非常明顯。

〈藍色蕾絲的內褲〉

很難掌握其性格的人，看似乖順卻顯得大膽，看似大膽卻又顯得純真。

對高級品有强烈的憧憬，當以身相許於某人時，會明確地要求報酬。對有金錢、地位、英俊瀟灑的男性趨之若鶩，厭惡貧乏的男人。

〈紫色蕾絲的內褲〉

性興趣旺盛，尤其對具有技巧的性特別有興趣。但是，在日常生活中給人比較乖巧的印象，而在性行爲上很容易表現大膽的作爲。

容易受年幼的男性所吸引，也會被帶有一點女性化的男性感動。用母性般的關愛面對情人會感到喜悅。

〈白色蕾絲的內褲〉

在性方面已完全成熟的女性。能藉由與固定男性的性關係而獲得滿足，因而不會有紅杏出牆的舉止，不過，如果無法從丈夫身上獲得滿足，則會發展爲婚外情，和喜歡的男性交往過程中會感到滿足。

性格上屬於常識型，有其溫柔的一面，不會主動要求性。也不會發生沒有愛的性關係，要求性必須有精神上的結合。

♥參與宴會的女性面面觀

如果仔細觀察出席宴會等公共場合的女性，必會發現「容易上鉤」與「不易上鉤」的女性在態度上有極大的差別。

假設有如下圖所示的宴會場。根據女性走進會場時所佔據的位置幾乎可以瞭解該女性的異性期待度、性格。

〈在靠近出入口的牆壁邊徘徊的女性〉

性情溫和，雖然缺乏主動、積極與人交談的勇氣，內心卻充

滿著期待。只要有機會非常渴望追求冒險。因此，爲了減輕對方的警戒心，不妨將料理或飲料送到該女子所站的位置。

〈靠近出入口站著交談的兩個女子〉

這種類型的女性幾乎可以斷定非常在意宴會中有異性的邀約。然而自尊心非常高，因此，必須儘量找話題與其交談。

〈站在會場中央的女性〉

喜好引人注目，自信滿滿的女性。幾乎可以斷定相當熟稔宴會的場合，而對男性的嗜好也極爲挑剔。看似容易上鉤，卻很難攻陷，面對這種類型的女性最好放棄爲妥。

〈在中央擺設料理的附近徘徊的女性〉

金錢慾望高，渴望金錢勝過於心靈交通的現實型女性。與男性交往時會先考慮其中的損得利益。對於宴會本身的興緻並不高，期待二次會的享樂。

〈站在椅子或桌子附近的女性〉

坐在椅上或靠在桌邊的女性多半對宴會本身並不感興趣，是基於義理人情出席或某種不得已的理由而感到無聊。如果立即邀其外出並搭訕說：「找送妳一程吧」則極具效果。

〈站在靠近主席或正面舞台的女性〉

充滿自信的幹才型。對自己的體態、容貌具有信心，與異性的關係也非常豐富。這種類型的女性如果服裝華麗又戴著引人注目的耳環時，對性的願望極强。

〈在會場的一角雙手抱胸或經常將手搭在嘴邊的女性〉

反覆這種肢體動作的女性毫無例外地，多半是處於等候男性邀約的狀態。可能是列爲目標的男性尚未出現而感到焦慮、不安的時候。不妨主動向其打招呼。

〈大聲歡笑、喧鬧的女性〉

在宴會場上幾乎都會看到這種女性。不僅和男性交談時，連和女性對談中也會發出尖銳笑聲的女性，在性方面有所不滿。多半渴望被擁抱或追求具有刺激的被愛方式。

♥排在左或右的那一邊

日本某電視節目曾經調查聚集在東京、原宿的情侶的步行方式。根據其調查，男女並肩而走時，男方站在右側的情侶佔58%，女方站在右側的情侶佔42%。

美國前總統雷根和日本前首相中曾根並肩拍照時，雷根主動讓出自己的右側位置給中曾根前首相。

歡迎來賓並向對方表示敬意時，多半會讓來賓站在右側而一起拍照。這是對對方表示信賴、敬意的意識表現。

一般而言，站在右側的人多半是自我本位、頑固的人。凡事以自我為中心為考慮，表現出忽視對方的任性一面。而且是自我意識非常強烈的人。

相對地，喜好左側的人屬於妥協型，具有相當的適應力。即使面對有點討厭的人也能委屈求全。

日本前首相中曾根與拜訪日本的國賓拍紀念照時，無意識又暴露平常的癖性，終於又站在右側拍照。據說在旁的人匆忙地向中曾根前首相提出忠告而改變原來的位置。由此可見，站立方式也暴露出中曾根首相的性格。

♥和女職員和平相處之法

沒有比女性更難理解的動物

被稱為二十世紀最偉大的精神分析學家佛洛依德曾說：「二十多年來持續研究人的性格，至今尚無法瞭解女性的心理。」縱然是心理學的巨擘也難以掌握女人心。

如果向女性下達某種命令並要求付諸實行時，在言詞舉止上必須有特別的注意。一般而言，男性面對女性時，很容易犯下的一個錯誤判斷是其外表。對於女性的外觀美醜往往帶有先入觀。

發生在數十年前的日本連合赤軍的凌遲殺人事件，經過調查被害者多達十數人，發展為日本史上鮮有而駭人聽聞的大犯罪，當時日本多數國民為此感到心驚膽跳。

這個殺人事件的中心人物竟然是當時年僅二十七歲，名叫永田洋子的女性。而這個女性的面相有其非常大的特色。「膚色黑、凸眼、

上齒微凸感」——這是日本警政署拘捕令上所記載的永田洋子的外貌。的確是一副兇惡的印象。

但是，共立藥料大學時代的朋友們卻讚美永田是「認真的女孩」或「純情的學生」。

其實她的外貌已呈現出「巴西多氏病」的典型特徵。永田洋子眼睛特別凸出的人相，其實是巴西多氏病的一種外觀上特徵，染患這種疾病的女性在性格上顯得認真、工作熱心，乍看下予人純情的印象。

同時，鮮少暴露真心本意，一旦熱衷於某個事物上時，則表現顧不得其他的作爲。自我本位，無法忍受自己不滿意的事情。具有外表上迎合對方卻在內心給予否定的兩面性，言詞巧妙。

由於自尊心高，鮮少會主動喜歡對方，不過，一旦熱烈地燃起戀情，會表現興奮性，一頭栽進專一的戀情中。

但是，如過被對方背叛，會產生強烈的憎惡感而徹底地攻擊對方——據說這就是巴西多氏病的性格特徵。

女人常見巴西多氏病

前述永田洋子型的女性其實在一般的女性中也常見。而且，在男人眼中認定是美人的女性，有許多都帶有巴西多氏性格。

早稻田大學的心理學家本明寬教授，在其「性格測驗」的著作中介紹以下的例子。

某公司有一個眼睛大、膚色雖不那麼白皙，卻五官齊整、身材苗條的現代型美人。他在工作上非常認真，也受到男同事的歡迎而顯得活潑。公司的上司信賴她的工作能力，相當滿意有這麼好的女性工作者。

但是，經過醫師診斷的結果，發現這名女子竟然患有巴氏多氏病。換言之，她之所以努力工作又顯得純情、受到男性的喜愛，事實上乃是因巴西多氏病所造成的甲狀腺機能異常的影響。

男女之間的差別？

古時候的人有一個觀念，是男性比女性的腦筋好，男性較外向、

具有行動力，在各個方面女性都比男性缺乏勇氣。

但是，二次大戰後女性已開始走進社會，「女性是弱者」的形象已完全地淡薄。根據心理學家松達克的研究，據說男女的智能相差無幾，性格方面男女間決定性的差別已微乎其微。法國的文學家西蒙奴・德・伯博瓦爾曾說：「女人並非天生的女人，而是社會的因素使其變成女人。」事實上，我們所認爲的「女性化」多數是因社會上的習慣而形成。

不過，從男性的陽剛氣、性的溫柔這一點來看，男女間也有其明顯的差別。以下所列的項目是一般被認爲女性化的性格特徵。

①不被理性而受感情支配。憑直覺判斷事物，只注重事物的表面性。

②容易受他人的暗示或教唆而思考、判斷。

③喜歡談話。

④具有高度的同情心。

⑤對人的關心勝於事物。

另外，女性所欠缺的特徵大概是以下的項目。

①做合理、理性的判斷。

②不倚賴他人的獨立心。

③從不快、悲傷的事情中振作起來的反駁力。

④幽默的精神。

⑤對技術或機械性事物的關心。

⑥對賺錢的野心。

對女性下達命令並要求其確實地達成任務時，應該充份地理解女性與男性所不同特徵的長、短處。有些人擅長向男性下達命令，卻難以掌握女性的心理，相反地，有些人懂得如何掌握女性的心理，卻無法充份地對男性發揮其指導能力，原因大概就是出在這個地方。

向女性下達指示、命令的檢查重點

那麼，如何與女性接觸才能確實使其執行命令，並掌握其心理的

捷徑呢？

〈第一關鍵〉——必須是值得信賴的上司

與其說女性是對所被交代的命令或工作感到實行的意義與工作價值，毋寧是喜歡對下達命令的上司的人品。她們並非因爲喜歡工作而實行，而是喜歡下達工作指令的上司的人品，而對所服務的公司或工作感到喜悅。

下達命令的上司，如果是女性喜歡的類型又值得信賴，即使並不喜歡其所下達的工作或命令，也願意去執行。換言之，女性對於能信賴自己又認同自己價值的上司會克盡職守，表現忠實的態度。

向女性下達命令的上司必須特別注意自己的第一印象，並且要努力使自己成爲接獲命令的部屬眼中具有魅力的男人。當然，這裡所謂的魅力並非外觀或體態上的魅力。而是要具有思考力、談吐技巧、對他人的體貼心等各個方面都具有魅力的人。

〈第二關鍵〉——必須有明確的目標、方法、規則

女性會忠實地遵守既定的規則、目標或方法，如果目標不明確或方法、規則曖昧不明時，多半無法充份地發揮自己原有的能力。

而且，如果獲得更具體的指示，譬如「在○○時到××地，在××時間内做完○○」之類具體的指示時，縱然是難以達成的工作，女性也會確實地遵從命令而行動。

〈第三關鍵〉——鼓勵與自信、打氣

女性與男性在行動上最明顯的差異，是女性碰到失敗或發生糾紛時很容易喪失信心。如果所被交代的命令無法順利進行時會立即產生不快而失去自信。

尤其看到他人運作自如的事情而自己辦不到時，更失去執行的勇氣。她們非常在意同事的眼光，也極度警戒被後進或同年齡的同事批評。

碰到這種狀況，身爲上司者應該經常給予打氣使其產生信心。

5
人性鑑定
人相、手相、筆跡也是心理學

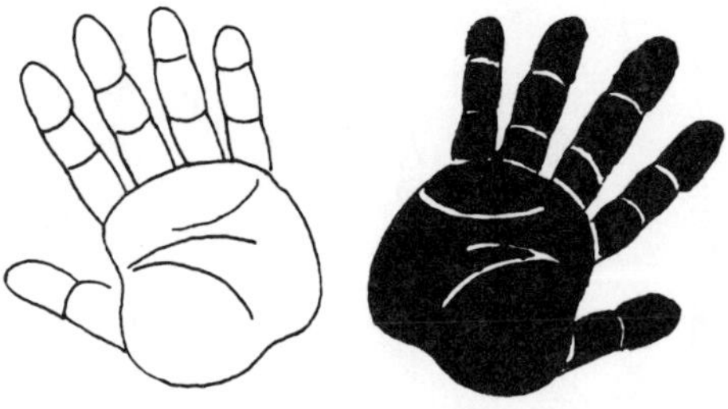

人相鑑定術

◉應戒慎的第一印象

有人說「臉孔是個人的一種名片」。事實上，做訪問推銷時推銷員的臉孔比名片更具有重要的作用。到首次拜訪的顧客家裡，如果被對方認爲「人相兇惡！不喜歡！」最後恐怕連交換名片的機會也沒有。

相親和推銷訪問有其共通之處。從相親對象的臉孔所獲得的第一印象，相親後的結果有將近八成的影響。因此，一旦給人不良的第一印象，日後再怎麼努力表現好的形象，多半徒勞無功。

筆者經常受邀在推銷講習會上演講，每次我都會觀察出席會場的資深推銷員們的人相。長年來從事推銷行業的人，有許多在人相上的共通處。而好的推銷員的確都擁有一張好臉孔的名片。

但是，爲何有些人的臉孔給人好印象，有些人則給人不好印象呢？難道誠如古來人相學上所說的，人的命運是受其臉孔所決定嗎？或者如果自己是給人不良印象的相貌，那麼，再怎麼努力也無法變成博得人緣的臉孔嗎？

針對以上的問題我們來探討一下吧。

B　　A

◉臉孔的心理效果①——鬍鬚

請比較上圖A和B的臉孔。雖然是同一個人物，然而B顯得穩重紮實，給人知性的感覺，而A臉孔則顯得神經質、帶著陰險感。

如果這兩個人是政治家的候選人，也許各位會投票給B臉孔的人物吧。

換言之，由於鬍鬚的有無而改變臉孔所產生的心理效果。這類情況事實上有許多。

美國第十六任總統林肯，在就任總統之前尚未留鬍鬚。細長的臉上一個奇異的嘴形和眼睛，彷彿是猴子的模樣。實際上，林肯總統對自己的臉孔帶有自卑感。

有一天，住在美國中西部的一個少女寄給林肯

一封信。

「你的演説非常棒，讓許多人感動。但是，你給人的印象太過尖鋭。如果你具有親切、溫和的形象，應該還有更多的人會支持你……。我想如果你留鬍子或許會給人一種知性、和善的感覺。」

據説林肯總統就是因爲這位少女的忠告而決定留鬍子。留鬍後的林肯彷彿換了一張臉孔，散發出一股威嚴、大政治家的風範。而且，留在下巴的鬍子對於身爲政治家所應有的「討人喜愛的臉孔」有相當的助益。

林肯首次留鬍子後拍攝的照片至今留存，照片上的臉孔帶著一副栩栩如生的表情。我們幾乎可以説那位少女的信函改變了歷史，因爲，林肯下巴所留的鬍子對他日後的人緣造成極大的影響。

另外，據說納粹德國的總統希特勒在年輕時候因失戀而決定留鬍子。年輕時候的希特勒那尖銳的下顎很難稱得上是美男子。

他對自己的臉孔產生自信，乃是留下其註册商標的牙刷形唇上鬍之後。像希特勒下顎細短、口形小的男性非常適合留牙刷形的唇上鬍。尤其是在面對鏡子看自己臉孔的範圍内，這樣的臉孔顯得特別有魅力。

根據筆者的推測，希特勒可能是爲了突顯自己的臉孔，在鏡前反覆數次地研究過。希特勒獨特的鬍子型以及稍微往前下垂的髮型，在鏡前觀看時的確比實際上好看許多。如果希特勒沒有留鬍子以增强自己對臉孔的信心，或許也没有征服世界的野心。

相反地，也有因爲留鬍子而適得其反的例子。

各位比較一下在成爲俄羅斯今日基礎的原動力，共產主義革命中活躍一時的托勒斯基和史達林的臉孔，一定會覺得相當有趣。列寧死後的權力鬥爭中被認爲是後繼者的托勒斯基，得不到民衆的支持而被史達林掌握實權，他們二人都留著鬍子，不過，史達林那把大鬍子發揮了掩飾其真心的效果，而托勒斯基的鬍子卻使他帶著神經質、偏頗感的臉孔更顯得陰森，而在人緣爭奪戰中失敗。

在人品、理論上都比列寧更爲優秀的托勒斯基，卻敗給野心勃勃的史達林，由此可見鬍子的效力有多大。

①

②

◉臉孔的心理效果②——眼鏡

逃亡中的犯人或偷偷出外旅行的影視明星，為何都戴著太陽眼鏡?當然，這是為了避免他人識破的偽裝，不過，我們應該留意一副眼鏡對臉孔印象所造成的影響。

所謂「眼是心靈之窗」自古以來眼睛被認為是傳達個人真心或人品的借鏡。根據某項調查，據說女性在看男性的臉孔時，最先注意對方的眼睛和額頭。另外，根據混合照片做為逮捕嫌犯的重要線索時，多數目擊者證詞一致的，就是眼形。

筆者經常比較混合照片和被逮捕後的嫌犯的實際臉孔，這兩張臉孔最相像的，是眼睛和額頭的特徵。

④

③

臉孔中最具個性的，是眼睛的部份，如果將眼睛部份塗黑則很難辨別。

太陽眼鏡的效果也與此類似。器量小、神經質的人戴太陽眼鏡時可以掩飾其性格上的缺點，愛鑽牛角尖的人戴墨鏡有時會有出人意外的大膽言行。眼睛正常卻習慣戴太陽眼鏡的男性中，多半是器量小的人，原因可能就是爲了掩飾其性格的缺點。

一般的眼鏡也具有改變臉孔印象的效果。前頁①照片的女性，戴三種不同款式的眼鏡來比較其差別。

戴②的款式，比臉孔還大的眼鏡時，會產生幽默感。同時，散發出一股稚氣般的開朗。而戴③尖形的眼鏡時，卻顯得具有性魅力，又帶有一點歇斯底里。戴④方形眼鏡則給人知性、女強人的印象。

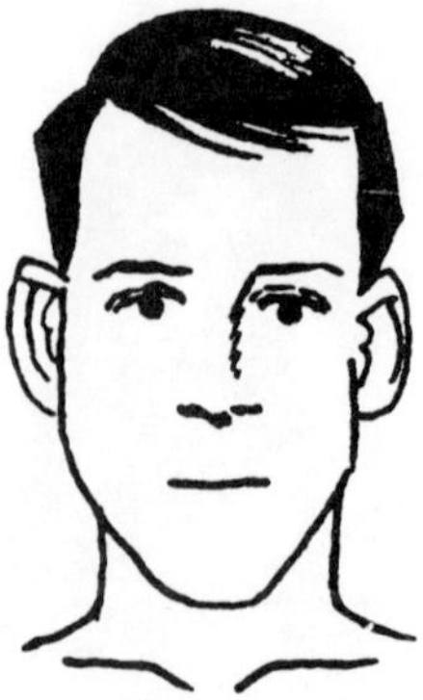

A

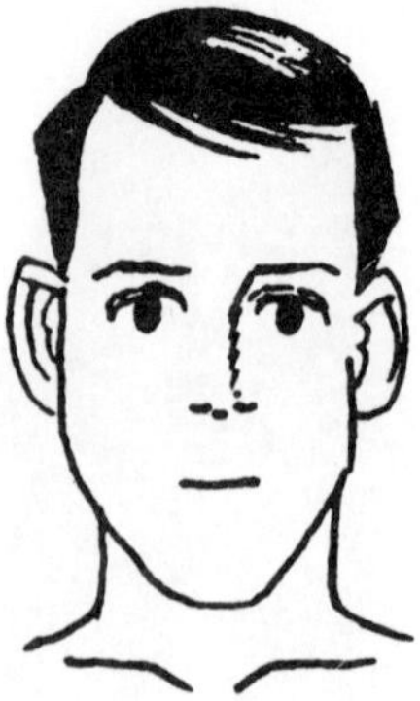

B

◉臉孔的心理效果③——比率

分析給人好印象或壞印象的臉孔時，其間最大的差別是眼睛、鼻子、嘴巴相對於臉孔整體大小是否成比率，以及將臉部區分爲眼、鼻、口三個單位，這三個單位的比例是否對稱的問題。藉由以上各個比率的不同，臉孔給人的印象也不一樣。

東方人的眼、鼻、口的平均大小及其比例如下。

眼睛的寬度三・〇～三・四公分
鼻子的寬幅三・〇～三・三公分
口的長度三・五～四公分

如果以眼睛的長度爲10來看鼻和嘴的大小的比率，則可做下列的分析。

C

D

A　眼10、鼻10、口10的情況——給人女性化、溫和的印象，日本的仕女圖或能面常見這種比例的臉譜。

B　眼10、鼻8、口8的情況——給人老實、純眞的感覺。一般而言，幼兒的臉孔都是這個比例。

C　眼10、鼻12、口15的情況——帶有陽剛氣、具行動力、精力充沛的臉孔。這是男性一般的臉譜。

D　眼10、鼻15、口14的情況——給人野性、壞人的感覺。紅猩猩或是黑猩猩就是這個比例。

從上述臉孔的比例來看，一般人從他人臉孔所獲得的印象多半是受眼、鼻、口的大小比率影響。

◉左側臉帶著親切感

我們與人相處時會露出什麼樣的臉孔表情呢?爲了博得對方好感應該會刻意地做出親切的表情。

但是，誠如有右撇子、左撇子之分，臉孔也有製造表情的一部份。一般而言，臉的左側表情較豐富，可以做各式各樣的情緒傳達。我們在無意識中會將自己左側臉朝向對方。這種習慣經年累月之後左側的臉會帶有親切的表情。

相對地，鮮少露出表情的右側臉孔，無形中帶有一股冷感。

美國的推銷員教育中有一個名訓是「與重要的顧客應對時，必須站在對方的右側」，這也是顧慮到表現自己較親切的左側臉的效果吧。

◉壓力會扭曲臉孔

左側臉是對外的臉孔，亦即「社會性的臉孔」，右側臉則是天生的臉孔，很容易表現個人的身體狀況。所以，如果在日常生活中處於緊張狀態較多的人，其左右臉的表情出入甚大。甚至會造成臉孔的扭曲。因爲，臉很容易反應我們日常的心理與身體狀況。

一般而言，心情舒坦、樂天派的人會有一副好人相。長年擔任位於東京、日本橋的「丸善」社長司先生據說每次到公司一定先

照鏡子。面對鏡子做一個微笑，使臉孔的表情緩和之後才在晨會上向職員們訓示。如果帶著焦躁、沈悶的情緒與職員碰面，臉孔自然會變得陰沈而抹滅職員們的鬥志。

身爲領導者的社長能注意自己的臉孔，儘量表現開朗的表情對提高公司士氣有很大的效果。

◉觀鏡測人相

據說人的臉孔在無意識中會模仿對方臉部的表情。如果自己擺出一副撲克牌的臉孔坐在眼前的對方也會無形間露出苦瓜臉。

據說婚姻關係美滿的夫婦臉孔的表情非常相像。這是因爲經常共處、對同樣的事物感動、因同樣的事情歡喜，慢慢地連臉孔的表情也神似吧。

人的臉孔具有模仿眼前者動作的「鏡反應」。從這一點看來，前述的司社長每天面對鏡前擺出微笑，是具有意義的一種習慣。而且，專注地面對鏡子努力鬆弛臉頰的筋力，使眼睛的視線變得柔和或拉拉雙耳，這都是緩和心緒緊張使人相變好的捷徑。

有人說四十歲後要對自己的臉孔負責，我倒覺得時時刻刻都應對自己的臉孔寄予關心。讀者們不妨再一次慎重地檢查自己的左右臉。

◉為何會看錯人

我們在觀察人時常會依自己的經驗或對方的外表來做判斷，因而往往犯下重大的過失。

有不少公司的董事長對自己觀察人的眼力自信過高，結果被外表看似紳士的騙子輕而易舉地騙走了龐大金額的支票。

其實，沒有比常識和自己的經驗更容易落入老千的圈套。

美國心理學家F·H·歐爾伯特及基爾佛特等的研究，據說根據臉孔的表情很難判斷對方的感情。基爾佛特曾經將九十六張各種不同表情的人頭照讓十五名女學生觀看，分以下四個階段進行猜測人頭照片所具有感情的實驗。

第一個階段是不告訴受驗者有關臉孔的分析法而直接讓其猜測表情；第二個階段是針對臉孔肌肉做一番研究之後再猜表情；第三個階段是告訴受驗者表情的分析後再做猜測；最後一個階段則是教導他們表情分析的特殊法之後再進行揣測，然後從中調查命中率的比率。

誠如次頁A表所示，即使在熟知臉孔表情的判斷法之後，也只能有四成左右判斷出對方的情緒。

做過臉孔表情研究之後，也只有四成左右的命中率，因此，一般沒有具備分析表情知識的人光看對方的臉孔是很難判斷其感情。

根據美國心理學家的報告，最容易遭受誤解的是以下所列的表情。這是針對一三八名學生所做的實驗結果。

從B表來看，當自己因工作不順遂而感到失望，時在旁人的眼中卻很容易被誤解是正在思考或擬定某個企劃的表情。

另外，原本是一副蔑視對方的表情，卻被認爲是責難或表示反對。根據臉孔判斷對方的感情時，極有可能造成出人意外的誤解。

古人有句俗話「若要熟知對方則看對方的臉説話」，這句話有時在觀察人時反而會帶來反效果。對於洞穿他人的方法毫無所覺的人，暫且不信任對方表情的心態是非常重要的。

A表　臉孔表情能分辨多少

做爲猜測臉孔表情的條件	命中率（％）
①了解臉孔分析法之前	27％
②研究臉孔肌肉之後	27％
③瞭解表情分析法之後	32％
④習得表情分析特殊法之後	39％

B表　臉孔表情會招來何種誤解

人頭照上的表情	命中率(％)	被誤解爲何種表情
失望的臉孔 落魄的臉孔	5％	專注而深入地 思考事情
恐怖的臉孔 震驚的臉孔	57％	激奮的時候
蔑視的臉孔	34％	責難、不贊成
困惑的臉孔	32％	驚訝

手相觀人術

◉手相也是心理學

自從法國的心理學家果克蘭在一九七九年十一月號的『心理學』雜誌上發表「手會傳達性格」的論文之後，在心理學家之間掀起調查、研究手相與性格之間關連的風潮。原本被蔑視只不過是供占卜用的手相，重新被肯定爲判斷人的性格的重要線索。

手相研究之所以流行，決不可忽視引進電腦相輔相成的背景。由於機器文明的發達，本來藉由人的眼睛所進行的手相分析，已開發成透過電腦終端機處理的方法。

利用電腦所做的手相判斷，是從科學的角度分析人類，並試著探討其個性，這個方法極有可能發展爲二十一世紀的新人類學。

◉從手型瞭解性格

請仔細觀察次頁的三種手圖。

整體而言，①比②小，手掌的寬幅也較窄。看起來像似幼兒的纖弱手掌。②的手幅較寬，手指也粗大而有力，而③的手和①②相較之下顯得較爲纖細。

身材嬌小的女性常見①小而寬幅窄的手，男性中有這樣的手型，大多是體質較

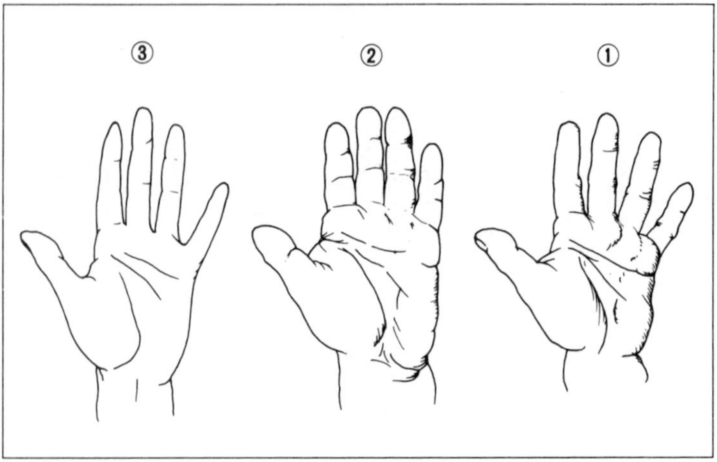

女性化，給人弱不禁風的印象。據說身材較矮、帶有神經質，性格上多半是分裂症的人。

但是，這種類型的人具有獨創性，常會想出一般人想像不到的構想，藝術品味高。年輕時代可能對女性或自己的才能帶有自卑感，卻鮮少將自己的不滿表現在外。

會追求幻想的事物、喜愛孤獨，不過，一旦掌握機會會有令人刮目相看的行止。希特勒、法國的英雄拿破崙都屬於這種類型。

另外，大多在文學界、或從事設計師、插畫畫者而相當活躍的人。

②肥大而有力的手，是中年以後肥胖者常見的手型，個性開朗、具社交性，樂善好施的人常見這類手型。這種手型又顯得骨頭粗大的人，耐

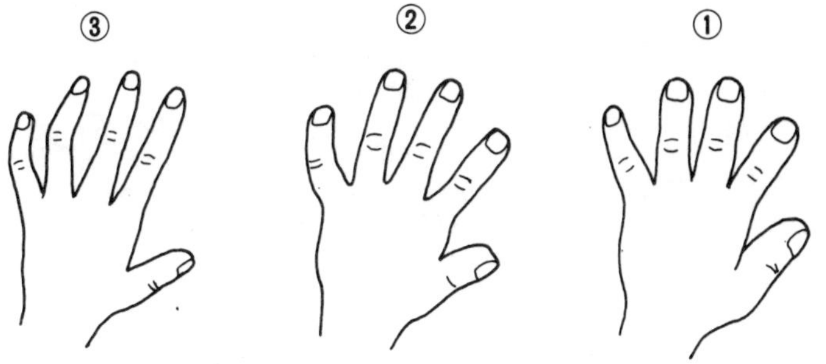

性特强。

這種手型較容易成爲領導型、老大型，具有指導力及處理困難問題的能力，若是上班族必會飛黃騰達。也具有企劃力、實行其構想的鬥志。

③的手型可以說是貴族型。耽於思考而少行動，情緒有高有低，對人的好惡也非常明顯。一般而言，具備高度的智能、分析力、判斷力，追求優雅的事物。

◉華爾夫的手相分析

波蘭的心理學家華爾夫，將人的手型分成上圖所示六種類型，進行其性格分析。

這些只不過是典型而已，事實上有許多彼此重疊之處。以下針對各個典型做說明。

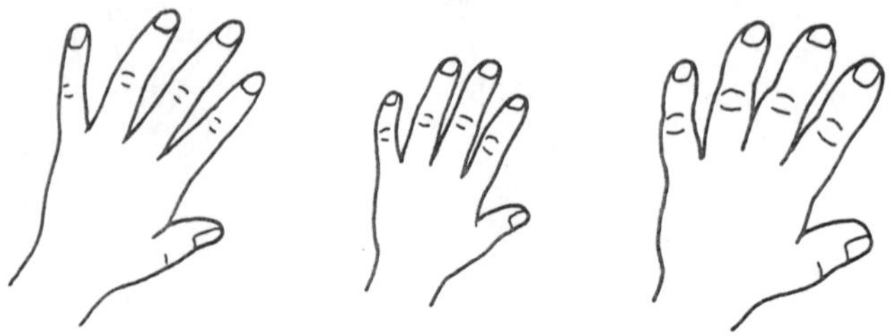

①**單純而原始的手**——手大而手紋粗且深，指頭短。性格上屬於躁鬱質、老實。社交性、喜好球類運動。肥胖型的人常見這種手型。

②**整體顯得不協調的手**——指頭形狀或大小粗細不一的人，是屬於分裂質性格，缺乏協調性。

③**瘦骨嶙嶙的長手**——指頭長而顯得纖細的人，屬於貴族型。雖然具有行動力，卻容易因人際關係的繁瑣而感到困擾。苗條型者常見這類手型。

④**肌肉豐盈的手**——指頭粗。個性屬於躁鬱質，常識型的人常見這種手型。具社交性，鮮少爲人際關係感到困擾。肥胖型的人常見。

⑤**小而窄的手**——女性常有這種手型，被動

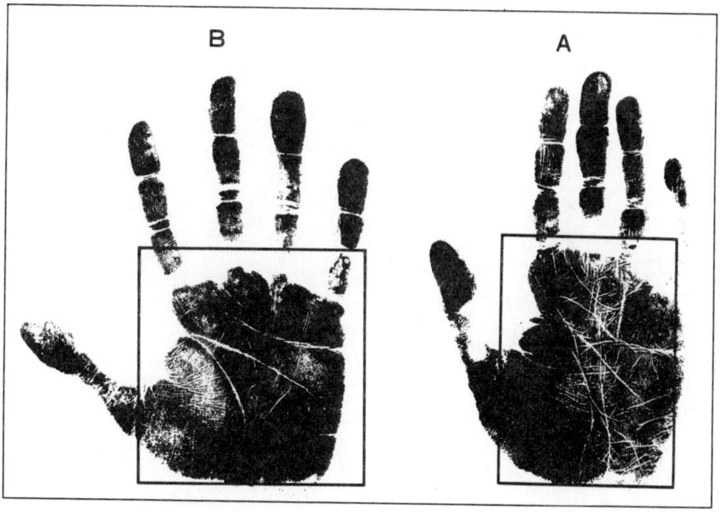

型的性格。也具有分裂質，神經過敏的一面，容易興奮。同時，還有自尊的一面，精神上殘留有幼稚的部份。體格較小的人常見。

⑥**細長而柔軟的手**——這種手型的人給人女性化、貴族的印象，肌肉薄弱、不擅長運動者常見。雖然富有豐富的想像力，個性卻內向而神經質。

◉手掌上「手紋」的特徵

對於手型判斷有某種程度的瞭解之後，接著來做判斷手掌上「手紋」的特徵訓練。

上圖照片中，B有深而單純手紋的手掌以男性居多，而A佈滿著細紋的手型以女性居多。如果男性中有像A手紋的人，毫無疑問地可以判

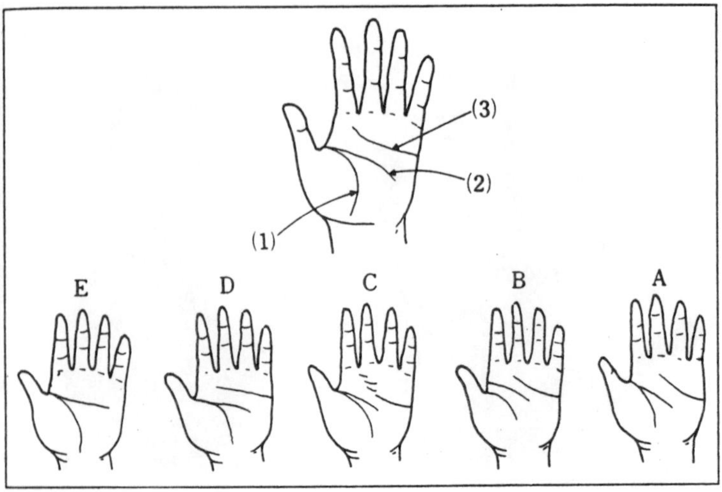

斷是女性化、神經質的人，感情較爲纖細。

相反地，女性的手掌卻像B只有單純手紋的人，是具有多種男性化層面的女人。這種女人好强、行動大膽。

手掌的手紋會根據個人的精神狀況的變化而改變。但是，並非如手相占卜師所言每一條手紋都帶有命運的含意。

◉三條主要線

手掌的手紋中做爲判斷個性的重要線索，是位於「手掌」上的三條主要線紋。

位於拇指根部的手紋——生命線(1)；橫過手掌中央的手紋——智慧線(2)；位於小指、無名指根部的手紋——感情線(3)，這三條手紋是做爲手

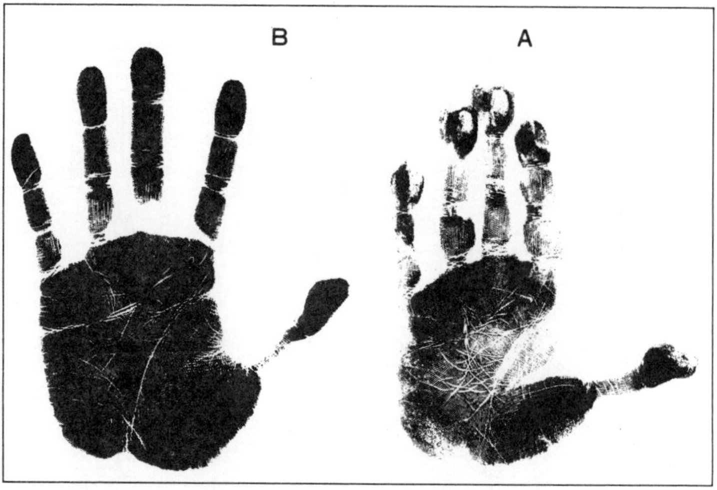

相判斷的重要指標。而這三條手紋的組合以上圖所示的五種爲多。

A是日本人最常見的手相。B是西歐人常見的手相，而在東日本也常見這類手相。C是屬於形型，女性比男性爲多。D在日本人中常見，據說是上班族的典型手相。E爲數甚少，一〇〇人中只有四、五人，據說，在日本的九州、四國地方約有一〇%這種手型的人。在西歐人中幾乎看不到E的手型。

◉手相會變化嗎？

請比較上圖的A和B的手相。雖然是同一個人的手相，但A是四歲時、B是十七歲時的手相。

比較這隻手時，最明顯的差異是位於拇指根部的生命線長度以及手掌的中央部份。另外，位於小指根部的水平手紋、被稱爲「婚姻線」的部份在A的手掌上尚看不清楚，而B的手掌已明顯地顯露出來。

與產生變化的這些特徵相較起來，也有許多毫無變化的部份。請看食指的指紋，從中看不到任何變化。再看位於小指、無名指根部的掌紋，這裡也看不出任何型態的變化。

根據手相是天生而不變化的事實，常被利用於個人識別，而有許多醫院會記錄嬰兒的手相有助於防止誤認。

另外，根據觀察新生兒的手相，也有助早期發現先天性的疾病或比較難以診斷的疾病。目前有越來越多人長期記錄兒童的手相，以做爲其身體上、精神上發達的記錄。

兒童的手之所以隨著年齡而產生變化，其原因可能是下列幾項。

①由於手的手根骨的變化，使得手掌上的紋路也改變。

②隨著心理的變化，手紋也產生變化。

③手最容易受精神壓力或身體機能的影響。

德川家康

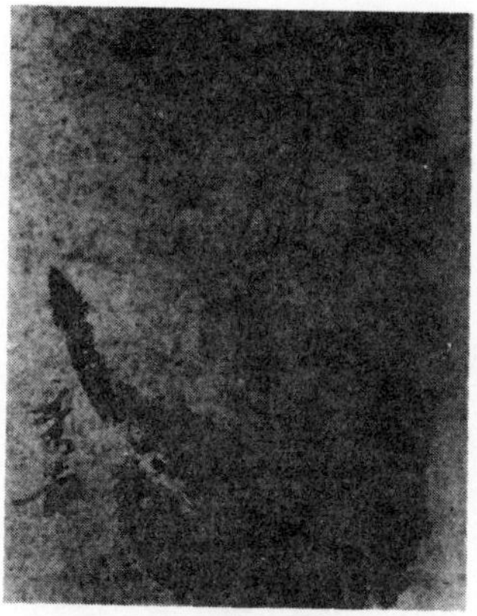

豐臣秀吉

◉日本三武將的手相

提起日本著名的武將，任何人幾乎都會想到德川家康、豐臣秀吉、織田信長等三將。

這三個人的性格有明顯的不同，常做爲分析領導者類型的例子。有助於認識這三大武將性格的，是他們所留下來的手印。

從右依序是家康、秀吉、信長的手印。

比較他們三人的手印時，的確有明顯的個人差異。家康的手相整體上少見細小的紋路，手掌上有一條清楚呈水平橫越而過的手紋。這種類型的手相俗稱「斷掌」。西歐人幾乎難見的特殊手相，在東方人之間卻常見。

據說日本人中有這種手相的人占八%，以

織田信長

西日本常見。多半是耐力特強、具有領導能力的領導者，自古以來被認爲是運勢強的手相。佛像的手型常見這類型。

秀吉的手相也一樣屬於「斷掌」型，其特徵是從手腕朝中指方向呈縱向露出一條明顯的紋路。這條紋路稱爲「命運線」。是表示該人工作或行動力的線紋，這條線長而明顯的人，具有不倚賴他人、克苦耐勞地拓展自己運勢的強運。

而信長的手相和前二人不同。其指頭根部有許多紋路，而且在中途斷裂。這種紋路稱爲「感情線」。

像家康一樣只有一條明顯紋路的人能冷靜而客觀地判斷事物，而紋路斷裂的人，情緒有高有低，雖然是熱情家卻很容易樹敵。喜好冒險者常有這種手相。

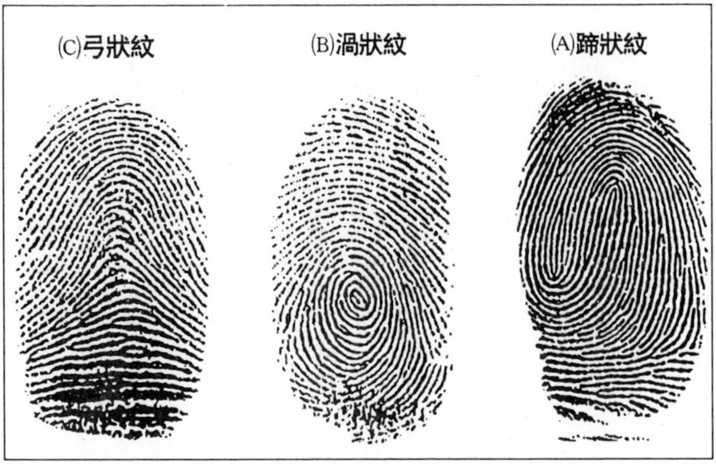

◉指紋也是瞭解性格的關鍵

請比較上圖三種指紋。各位應該可以立即判斷其間的不同。

若只漫然地看上述的指紋並無法明確地瞭解其中的個人差異。因此，請將眼睛的注意力朝向手指的中心，再一次比較「紋狀」。

首先來看B的指紋，其中的紋路呈漩渦狀的圓形。C的指紋並沒有呈圓形，彷彿是個波浪。以波浪的形狀而言，A和C又有不同。C的波紋彷彿是左右對稱的富士山形。而A的紋路則交織著圍繞在一起。

這三種指紋各有以下的名稱。

A「蹄狀紋」(呈流散狀)

B「渦狀紋」(呈漩渦狀)

C「弓狀紋」(呈山型)

衆所周知地在犯罪蒐證上會利用指紋形狀做爲個人識別的依據,除此之外指紋也是判定疾病、瞭解性格的重要線索。

最早從科學的各種角度研究指紋的學者是義大利的生物學家馬爾西羅·馬爾畢基(一六二六~一六九四年)。經過他的研究之後在德國、英國、法國等陸續地盛行指紋研究。

英國首先將指紋利用在犯罪蒐證上的,是駐任印度的英國人荷爾歇爾(十九世紀歐洲最早的指紋研究家)。據說機緣是目睹當時印度以按指紋取代印鑑的日常習慣。

他發現每個人的指紋各不相同而燃起對指紋研究的熱情。同樣是英國的研究家法蘭斯格·哥爾頓(一八二二~一九一六年)受荷爾歇爾研究的影響而考察出正統的指紋分類法。這就是當今普及世界的指紋分類法。

日本是在明治四十一年以後才將指紋納入犯罪蒐證上。不過,早期的日本在一般民衆間也相當普及利用按指紋以表達自己的個性或取代印鑑。

據說印鑑的起源本來是源自按手印的風俗。從前在抄寫經文或做爲借據時,以按壓手印取代今日所用的印鑑。

筆跡觀人術

◉筆跡會傳達個性特徵

現在美國的「Pocket book」中最得人緣的占卜書有占星術、手相、夢判斷、超心理等，而不輸於上述的占卜術，且深受上班族們喜愛的有「筆跡占卜」。

筆跡判斷受到矚目並非在美國，而是在歐洲，從十九世紀末期開始心理學家們對此項研究已產生興趣。尤其是法國的賈恩·H·密修（一八〇六年～一八八一年）在一八七一年發表「筆跡判斷的體系」之後，「筆跡占卜術」已受到衆人的注目。

爾後經過密修影響的J·克雷畢賈曼（一八五九年～一九四〇年）的研究，使筆跡學漸漸被肯定，是較具科學性的人格判斷法。

據說這些原始的筆跡學乃從文學作品的筆跡鑑定開始，實行的對象是從這類文體或筆跡來判斷作者的性格。

最近的筆跡學在法國、德國、美國、英國急速地擴展，其中以德國最盛行傳統式的筆跡學。德國筆跡學的創始者是克拉格斯，他從心理學的角度將筆跡與性格之間的關連做分析並給予體系化。

上述筆跡學者針對筆跡學何以能成爲判

斷人格的重要線索的根據做以下的說明。

「筆跡會傳達個人獨特手腕動作的個性特徵，是個人才有的特殊習性，若能分析其中的特徵即可判斷該人的個性。」

在歐洲流行的科學性筆跡學近年來也開始被活用於商界。歐洲或美國有許多地方的公司在其錄用考試中採用「筆跡判斷」。據說龍格、提夫恩這兩位心理學家曾經向重視筆跡的一、兩個主要公司的經營者提出「筆跡判斷」的價值問題，所得到的回答是寄予相當高的期待。

某公司錄用考試時的「筆跡判斷結果」命中率高達百分之九十，企業界對筆跡學的看法似乎是：「與艱深的心理測驗相較起來，以應徵者的筆跡即可做判斷的方法，可以節約時間。」

◉筆跡判斷的基礎

各位不妨做以下簡單的實驗，即可理解利用手腕動作的筆記和性格有多少的關連，從中透露何種程度的人品。

首先，請各位準備白紙一張、鉛筆一隻。請在白紙上畫十條（長度十公分）平行線，線條的間隔盡可能縮小。做這個動作的條件是握筆的手肘、手掌不可貼靠於桌面，同時閉上眼睛（盡可能遮住眼睛）。

測驗結束後，依同樣的方法左手拿筆，由左至右畫十條十公分的平行線。

調查測驗結果，您會發現許多有趣的現象。間隔一段時間再做同樣的測驗時，在畫出的十條平行線的形狀和先前所畫過的相差無幾。尤其左手所畫出的線條不論何時幾乎都一模一樣。

這個實驗是筆者將自己研究的結果，和巴西的心理學家米拉所考察出來的方法，比較之後而改進的測驗法，曾經有八〇〇〇人以上做過上述的實驗。爲了更清楚瞭解這個平行線的圖形，請連接線的兩端，並在線的中心畫下垂直線。

依這個方式比較自己所畫下的線和以前畫下的線條時，必可發現具有類似的特徵。同時，從這個圖形的特徵可以診斷各種性格或心理狀態。譬如以下的診斷法（利用右手劃出的圖形）。

①**線條規則、等間隔的情況**　精神安定、富有判斷力、分析力。具有協調性的人。不愛冒險的安全第一主義者。大多是能掌握領導權、具有洞察力。一般而言智能也高。

②**整體往右上揚、線條稍長而不規則**

具有活動性、積極性，外向型。但是，稍欠纖細的判斷力、分析力，容易犯下重大過失。性格開朗。

③**整體往右下垂，線條稍短**　內向型的人。個性略帶消極，悶悶不樂時什麼事也提不起勁。富有創造力、獨創力，具備想出一般人難以想像的構想才能。在人際關係上容易形成孤立。不擅長說話術。

④**規則整齊的平行線，卻比十公分短得離譜的人**　處於無氣力的狀態。對任何事都感到麻煩，欠缺全心投入的鬥志。略帶女性化，警戒心過強。

⑤**整體線條變長的人**　行動性、積極性。有時無法對自己的行動給予壓抑。作風大膽，對稚氣的捉弄遊戲感興趣。在開車駕駛方面屬於車禍型。

⑥**特殊的判斷法**　除了上述的五種判斷法之外，也可能有下列的特殊判定。

A　線條在圖中交叉的情況——多半是神經疲勞。如果交叉在兩處以上則神經系統上有「異常」。

B　圖中（從第四條左右開始）的線條長度產生變化——稍微呈現老化現象。若是年輕人則耐力不足。

另外，比較上午和下午的筆跡時，一般在線條的形狀上多少都會產生變化。

根據生物時鐘的觀人術

◉好、歹運的週率

不論是運動選手或一般的上班族有時工作效率倍增，有時則提不起幹勁，這乃人之常情。若以運勢而言乃高低起伏的現象，問題是何以會產生這類好、歹運的起伏？

有些人認爲是因爲生理上、肉體層面上的影響而有運勢的高、低起伏。有些學者則認爲這種高低起伏的現象是受心理、精神面的支配，而非肉體的影響。

那麼，我們在日常的工作中是否能預測起勁的時候、不起勁的日子呢？同時，是否有科學性的判斷法來算出這種起勁、不起勁的日子呢？

◉出生月份的一個月後最危險？

一九六六年八月二十六日日本航空公司的八八〇型貨運直昇機在羽田發生事故。當年是航空事故特多的一年，而令人訝異的是這些重大事故多半發生在星期五。自古以來在基督教的社會中星期五被認爲是不祥的日子，如果把重大事故發生在星期五當成一個偶然現象，過度的偶然所造成而一致，倒也令人感到不可思議。

如果從統計數字來評估「星期五的事故」也許機率不多。對以科學眼光看待各種現象的人而言，說不定是一種迷信、荒唐的事。

但是，一九六五年在美國相繼發生的波音七二七型飛機的事故，前後四次都發生在星期一。雖然不是黑色的星期五，然而偶然的一致直叫人納悶不已。

最近數年來筆者從命運論的立場和心理層面探討這類事故的原因，結果發現許多令人不可思議的事實。

譬如，調查發生事故者的生年月日時，多數人發生事故的日子是在其出生月份的一個月後。尤其是重大事故時，這種例子似乎較多。

一九六六年初所發生的日本全日空波音七二七型的飛機事故，也是在機長出生月份（一月）一月後的二月。另外，日本作家五味康祐在一九六三年一月於鈴鹿山的山麓發生車禍，造成內臟破裂的重傷，而這個意外也是在五味先生出生月份（一九二一年十二月二十日）的一個月後的事情。

以著名人士爲例，這類例子爲數甚多。

除了車禍之外，出乎意料的病死、猝死的情況也多半發生在出生月份的一個月後。日本摔角選手力道山，因被暴力團圓突襲而負傷，結果造成猝死的意外，這也是發生在力道山出生月份（十一月）一個月後的十二月。美國前總統甘迺迪的暗殺事件，同樣發生在他出生月份的一個月後。

◉知性、肉體、感情的週率

針對某固定週率支配人生活的觀念，在美國等世界各地衆多學者一再地研究其中的信憑度，而人的身體依固定的週率而成長之事實，也開始有醫學方面的實證。

對這項研究有極大貢獻的，是維也納大學哈曼‧史歐巴克教授。根據其研究人的持久力、體力、精力等身體狀況，是以二十三天爲週期產生變化。至於獨創力、感受力等感情的起伏，則以二十八日爲週期出現變化。根據這些週期才有好、歹運的起伏，起、不起勁的變化。

在維也納大學的心理研究所有些研究者，除了這類生物時鐘的研究之外，還試圖從心理學的觀點研究人的命運、人相、步行的頻率、手的表情等，自古被認爲是迷信的諸多問題。

德國心理學家夏爾羅德‧畢拉嘗試調查二五〇人的生活經歷，從中研究各式各樣命運的類型，意圖從心理學的角度來解開命運之謎。他所抱持的觀念是根據過去、現在的生活大致可以預測該人的未來。

對於人的生活或身體狀況有其過期性反應的觀念，醫學界人士也常做爲研究的目標，像上述從心理學的立場試圖「預測未來的生活」的研究頗多。

根據伊斯布魯克大學的提爾查博士、美國的賓夕凡尼亞大學等研究結果，發現記憶力、判斷力等知性的週期是以三十三天爲一期而產生變化。

將精神力、智力的週期三十三天，及前述的肉體週期（二十三天）、感情週期（二十八天）的研究綜合起來，再以生年月日計算這三個週期，企圖根據這三個週波的情況，以猜測個人的生活狀況，是奧地利的可貝爾博士所提出的「PSI週期說」。

這類人體狀況的判斷法被田多井吉博士介紹到日本之後，甚至被利用於拳擊或棒球比賽的成績預測。

在國外有些地方根據這個週期說做工廠的安全管理。德國法蘭克福市的交通局，曾經試著以週期表表現電車或巴士司機的勤務狀態，藉以防止事故的發生。另外，某工廠調查其三年內所發生的三〇〇件意外事故時，發現造成事故的責任者中有百分之七十是在其生物時鐘，特別要注意的日子闖了禍。

但是，PSI週期說在日本的準確率似乎較低。也許這是因爲日本人和西歐人的體格差異、感覺不同所造成的原因。但是，日本最近也將PSI學說一般化，甚至產生將生物時鐘商品化，甚至出售過期計器的現象。

這些週期計器所做的宣傳，是「並非像

命運的生物時鐘

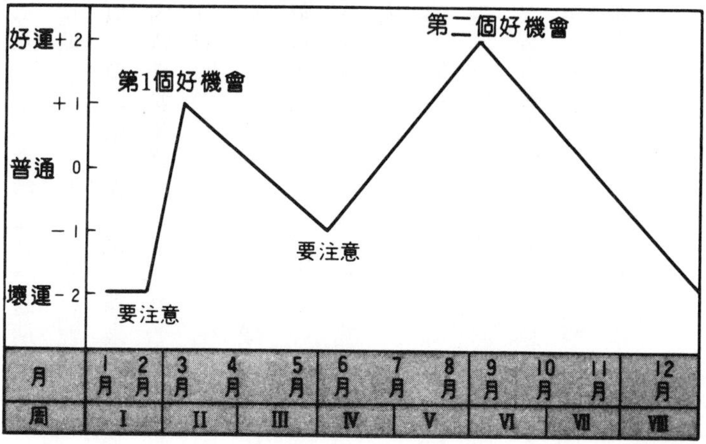

占卜之類非科學的物品，而是以科學爲背景所製造的商品。」不過，在目前的階段尚屬於占卜的一種，而人的行動或運勢揣測中，似乎留存著無法從科學給予分析的某種神秘現象。

雖然目前尚不十分清楚日本人的生物週期如何，不過，根據筆者本身親自面試而診斷過的三五〇〇名男女的調查結果，發現以下的結論。

有許多人是以出生月份爲中心，以四十五日的週期而產生運勢好、壞的變化，身體狀況良否的週期。請參照上圖再思考這個問題。

以一月一日出生的人爲例，從一月一日

開始每隔四十五天命運會有週期性的變化。這個週期在一年內會出現八次的波動。

以下就以第一週、第二週來表示。在這週期內特別要注意的日子是第一週，亦即離出生月的四十五天之內最常發生意外。前述日本全日空的飛機事故，肇事機長的生物時鐘正好處於其出生月之後的四十五日內，換言之，這個意外是發生在他最需要注意的第一週內。

第二個特別要注意的週期以第四週居多。第四週是指離出生月的第六個月份。以一年期來調查個人的低潮期時，意外事故多半發生在這兩個特別要注意的週期內。

調查自己本身的生物週期如果處於必須特別注意的週期內，而行動過於積極、活潑時，效率反而會減低或出現重大的低潮期。

如果低潮的原因是被命運的週期所支配，最好不要焦急，靜候下一次的機會較爲妥當吧。

◉最佳狀況的週期月份

以上例子是根據不好的狀況，運勢不好的月份爲中心所做的分析，其實好的月份也有其週期性。一般而言，第六週是運勢最佳的月份。它正好是離出生月份的第九個月。第二個好週期、好運當頭的週期是第二週、亦即離出生月份的第三個月。

而絕佳狀況的月份如果從自己出生月份

看來正值上昇期的年份期，在工作或身體方面是處於最佳狀況，以及運勢最强的時候。

根據生物時鐘的研究者們統計性地調查身體狀況，與腦筋靈敏度的結果，據說離出生日期每隔二五四一天會有一個最佳狀況的時期出現。根據這個方法可以算出自己的上昇期的年份。換言之，以下面的各年齡（實歲）爲例，在自己出生月日上各加上所列的日數，就是上昇期的年份。

以美國前總統約翰·F·甘迺迪爲例，在一九五九年總統大選中與尼克森展開激烈的選舉戰，結果以數票之差獲得勝利，若以這個週期來計算，那次選舉正值甘迺迪總統的上昇期。當時的得票率是甘迺迪四九·七%而尼克森是緊追在後的四九·五%，也許我們可以說是因爲甘迺迪正處於上昇期的强烈運勢而導致勝利吧。

當時甘迺迪是四十一歲，正值距離其出生月份的第三個月。而且，他是在三十四歲的上昇期被選爲上議院議員。

年齡	加算月日	年齡	加算月日	年齡	加算月日
6歲	三五一日	34歲	二九五日	62歲	二三七日
13歲	三三七日	41歲	二八一日	69歲	二二五日
20歲	三二三日	48歲	二六七日	76歲	二一一日
27歲	三〇九日	55歲	二五三日		

◉調查好運的測驗

據說人具有靈感、預測好運的超心理能力。美國的迪克大學以各種角度研究這種「超心理現象」。筆者參照他們的研究結果而考察出一種好運、靈感的測驗，請各位試試看。

〈測驗1〉

請準備紅色撲克牌（紅心和鑽石）二十張以及黑色撲克牌（黑桃和梅花）二十張，仔細地洗牌一次。

其次將伏蓋著的卡片由上依序出牌，最初的三張打開後並列，只有第4張伏蓋著出牌。然後憑自己的直覺猜第四張卡片是黑色

回數	猜　　　中	猜　　　錯
1		
2		
3		
4		
合計		

或紅色。依同樣的方式測驗十回。那麼，猜中的有幾張呢？

當四十張牌全部出牌完畢後再重新洗一次牌，如此反覆五回同樣的測驗。請將答對與答錯的次數計算後填寫在表格上。

利用四十張撲克牌猜十次牌，如此反覆五回的結果如果命中率達六成以上，可說是靈感極爲安定的狀態。幾乎可以判斷當天的狀況相當良好。

而命中率約五成左右的人運勢普通，五成以下者是運勢差的時候。

做這個測驗在最初的一～二回的命中率高達七成以上的人，可以依自己的想法去實行。因爲，你的判斷力、靈感都屬於絕佳狀態。

筆者曾經讓電影明星故田宮三郎先生、投手時代的王貞治選手、及在中日球隊時的江藤選手做過類似的測驗，結果王貞治命中率達八成、田宮先生六成、江藤選手是五成。你的結果如何呢？

〈測驗2〉

請準備五個骰子放進盒子裡仔細地搖晃數次。然後憑你的直覺猜所擲出的骰子數目。平均一個月裡有一次或兩次可以全部猜中五個骰子的數目。

日本著名的賽馬騎士選手保田隆芳先生以賭運強而聞名，筆者曾經讓他做這個測驗結果第一次就全部猜中了。

這類測驗的命中率因人而異，也許是一種偶然的作用吧。

不過，人具有某種預知能力、預測力，心理學家中有許多人認真地研究人所具備的這類能力。那就是所謂的「ＥＳＰ」，這是指靈感或透視等的超心理現象。

6

心理操作

誘導人心的偷心術

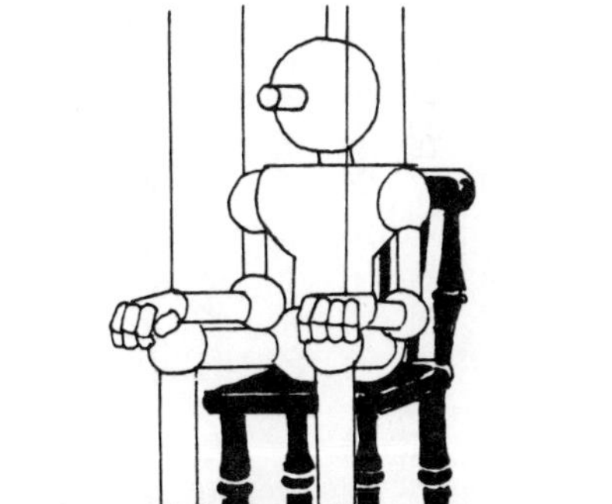

◆根據構圖而千變萬化的印象

資生堂海報「用海的顏色畫畫看」

日本資生堂化妝品公司在其宣傳的廣告海報上曾經有一個頗爲特殊的設計，那是一個手拿著水晶球的女性站在海報正中央的構圖。這張海報和一般化妝品廣告上所出現模特兒的形象不同，它給人一種莫名的奇異印象。

乍看下彷彿是魔術師的感覺。由於圖中女性的臉孔帶著極度的神秘感，整個海報無形中帶有一種超自然的神秘氣氛。似乎有許多女性對資生堂這個廣告不表好感，不過，它卻具備充分吸引人注目的效果。

但是，若以命運心理學的立場來看這則廣告，的確耐人尋味。這則廣告令人感受到文藝復興時期的世界名畫「蒙娜麗莎」風格頗爲類似。「蒙娜麗莎」整幅圖畫的構成帶有一種超自然的神秘色彩，各個部份都隱藏者神秘主義的思考。

「蒙娜麗莎」畫中採用構成大自然的四個要素，亦即木、火、水及土。蒙娜麗莎臉孔後面的森林、樹木是表示人對「木」的願望，右側的湖代表「水」、胸部附近的大地和馬路表示「土」。整幅圖畫象徵宇宙本身，隱含著哲學性的意味。據說達芬奇對這幅畫愛不釋手，彷彿自己的貼身符一樣隨時帶在身邊。

而資生堂上述的廣告也在無形中將宇宙觀、超自然的神秘氣氛深植在觀看者的心裡。「海」和「太陽」「都市」以及飛向天空的直昇機具有令現代人產生對大自然幻想的效果。

另外，海空間呈水平狀的都會街景的位置，位於整幅圖面上方，而海空的比率呈三比二，也極爲有趣。因爲，根據海空之間的比率會使人的印象大爲改觀。

A

B

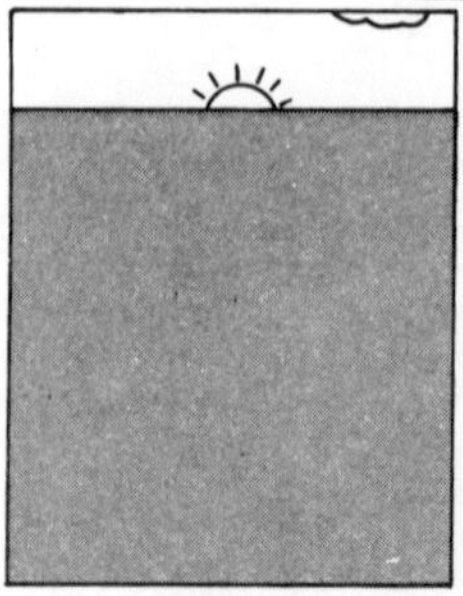

C

請比較上面三個圖形。A圖是海空呈二等分狀。B圖則是天空所佔的空間較多。C圖是海的空間較廣。從這三種類似圖形所表現海空不同的比率，即可瞭解所感受到的不同印象。

像A圖海空比率一樣時，並不會給人太强的印象，雖然整幅圖面給人安定感，卻難以傳達所要訴求的訊息。而像B擴大天空的空間時則給人溫柔、女性化的印象，帶有羅曼蒂克感。成爲一種幻想式、唯美如夢的圖畫。相反地，像C圖把海面擴大時則給人男性化、强烈的印象，成爲具有積極性的一幅圖畫。

由此可見根據水平線所描繪的位置，即可使觀看者的心理產生不同的感受，因爲，海表示「現實」天空代表「空想」，空想與現實之間的平衡是由水平線來支配。海的空間越大越顯得現實性，而天空的空間越大時則顯得幻想性。根據製圖者對水平線的描繪法，改變觀看者的心理。

◆你的詢問法是否有誤？

請花一分鐘時間凝視上面圖畫後，再用手掩住圖畫，並回答以下的問題。

問題1　圖中的桌上有一個大蘋果嗎？
問題2　桌下的貓是兩隻還是三隻？
問題3　你認爲坐在椅上的女子是右手戴著手錶嗎？

針對以上的三個問題你做何回答呢？

相信有許多人對問題1的答案回答「有」。至於問題2，一定有人回答「兩隻」或「三隻」，其實桌子下並沒有貓，只是兩隻狗。

而問題3可能有各式各樣的回答，例如「不，沒有戴錶」或「戴錶的是左手」。請各位讀者再一次看前述的圖面。圖中的女子確實在右手戴著手錶。

這個測驗是根據問題的詢問方式而使答案改變的實例。誠如「圖畫中有○○○嗎？」的詢問方式，所要求的回答是「YES」或「NO」，碰到這類詢問法，答案多半會有正負各半的傾向。而像問題2具體地提出「有兩隻或三隻？」的數字時，即時實際上並不存在，也往往會回答「有兩隻」「有三隻」這乃人的心理。帶著自信說「不存在」的人，大概只佔全數的百分之十左右。

至於像問題3的詢問法變得複雜而曖昧時，答案會變成「是的」「我認爲是」「我認爲不是」「好像是在左手吧」等不同的答案。

所以，我們會因爲詢問者的暗示而在不知不覺中被誘導。日本社會心理學家堀川直義教授在其『訪問的研究』的著作中，曾經對這一點報告其研究。據說對於並不存在的事物而提出「有嗎？」「沒有嗎？」的問題時，回答者會呈現以下各種比率的答案。

・回答「沒有」的人　五○%

・回答「有」的人　四二%

・回答「不知道」的人　八%

如果改變方式提出問題爲「在那裡？」時，回答「沒有」的人會減少，而回答「不知道」的人則增加。

・回答「在那裡那裡」的人　五〇%

・回答「沒有」的人　六%

・回答「不知道」的人　四四%

換言之，只因爲受到「在那裡？」的暗示，而令人覺得解答不易而「不知道的」。所以，根據提問題的方式可以改變對方的答案。也因爲如此，常見自己詢問法不當而讓對方說出言不由衷的事情。碰到這種情況不能單方地責難對方，似乎有必要反省自己的詢問法是否恰當。

這種心理技巧對在議會的質詢或答辯也能產生相當的影響。譬如日本一九八八年夏天所暴發的立克路特事件（賄賂案），在審查的過程當中因詢問者的詢問方式，使得回答者的反應也大不相同。所以，如果惡用這種心理技巧也極有可能誘導對方說出有利的證詞。從這一點看來，目前似乎已經是需要「裁判心理學」的時代。

◆禮品的心理拆穿術

相信有不少人逢年過節時為贈禮的問題而大傷腦筋。尤其是商場界的人士對顧客或上司的禮品感到為難而不知所措。

相反地，對方會根據所獲贈的禮物看穿贈禮者的深層心理。在此教導各位簡單的深層心理拆穿術。

酒、威士忌

以酒為贈禮者是對受禮眷家人中的「男性」表示關心或渴望博得其家「主人」的好感。在工作的人際關係上多半是傳達平時承蒙照顧的心情，或顧慮生意上往來的情誼。若明知對方不喝酒而刻意贈酒，乃是內心對對方有所不滿、埋怨的證據。

食品

以食品為贈禮的人，大多是期待受對方家人的歡迎。贈禮者多半是女性或女性會選擇這類贈禮。食品在一般家庭的使用率最高，因此，這乃是對受禮者的一種體貼。

襯衫

對受禮者帶有極度的親密感，這表示重視平時的交往，隨時掛念對方的意思。

領帶、襪子

在衣類中領帶和襪子可以說是特殊的贈禮。以這種物品為贈禮者，多半具有個性、性格上有獨斷自厚的要素，是渴望對方配合自己嗜好的支配慾求表示。

地方名產

以各地名產為贈禮者非常在意與他人的人際關係，努力想要掌握對方的心理。而且，無法以平凡的事物獲得滿足，並極渴望受人矚目的人。這種類型者如果沒有接到受禮者的謝函，往往會鬧彆扭。

特殊的禮物

以特殊的物品為贈禮者的心理中，具有討厭受束縛的傾向，也帶著渴望獲得受禮者理解的熱情。

※　※　※

贈禮的心理不僅會傳達送禮者的心意，也是瞭解送禮者對自己的評價或有何願望、期許的線索。換言之，可以從禮物瞭解對方所期待的內容。藉由瞭解對方的期待，有時也可能使與送禮者之間的人際關係更為發展，而有時則是做為警戒對方的參考。

處處是陷阱的語言暗示效果

◆追求心理學的時代

現代被認爲是難以掌握集團心理的時代。因爲，對人生而言何爲幸福的價值觀在不同的年代已產生多樣化。以一九八八年一月所發表的調查爲例，日本人對幸福有不同的解釋。年輕人當中有人帶著相當保守的觀念，而四十、五十歲代的人，有人反而對積極進取的生活方式羨慕不已。另外有一個令人驚訝的，是年輕人反而具有熱心於工作，不屑遊樂的傾向。

在多樣化的價值觀、追求各不相同的生活方式而感到喜悅的現代社會中，要統一團體或集團的意志並掌握團體的心，必須具備與以往迴異的嶄新智慧與創意、努力。光憑領導者的高昂熱情奮發圖强似乎不夠。

世界暢銷書的『艾柯卡』作者艾柯卡先生（克萊斯勒汽車公司董事長），將「心理學」的學習列爲其經營成功的原因之一。對團體的領導者而言，也許沒有比現代更需要心理學的時代了。

◆受騙的心理

首先，請各位閱讀以下的文章。

「山川太郎在東京車站與睽違二十年的朋友碰面。那位朋友帶著一名七、八歲左右的女孩。山川太郎看見已經結婚並有孩子的朋友而感到驚訝。他用手撫摸女孩的頭並詢問她：『妳叫什麼名字？』結果女孩回答說：『和媽媽一樣的名字啊……』不必女孩說出口，山川太郎也知道她的名字了。」

從這段文章各位是否能推理何以山川太郎立即知道那位女孩的名字嗎？如果還不得解，請再一次閱讀這個文章吧。您必會發現其中隱藏著語言的技巧。

一般而言，我們具有一提到男性的朋友立即聯想該朋友也是「男性」的習性。而果真如此嗎？其實男性有「女性」的朋友一點不足爲奇。在文章上只提到和「朋友」碰面，並沒有明確指出朋友是男性或女性。

事實上，這段文章中的朋友是女性。因爲，女孩回答說和媽媽一樣的名字時，山川太郎當然立即明白了。

語言多少都具備這類「容易受騙」的要素。

◆信任謊言的心理

希特勒曾說：「謊言越大其中必定有『值得信任』的要素。人即使不聽信的謊言也往往會上大謊言的當。」事實上，他對士兵們的演說就是基於這類心理效果而研究出來的。

基督教的最大教義『聖經』中也隱藏一個大謊言。

「時候到了、天國近了。請悔改吧！相信福音。」（馬克・一・一五）這句話和馬克斯的『共產黨宣告』中最後一句話「萬國的勞動者啊！團結吧！」都在當時發揮了大謊言的效果。

天國近了的表現給大衆帶來極大的希望，但是，如果只有信任這句話的人才能擁有幸福則是個大謊言。而在世界性的危機中，萬國的勞動者只有團結才能生存的標語，也可以說是影響力深遠而大的謊言。

這和共產主義以資本主義爲敵，資本主義以共產主義爲敵的謊言類似。同時，希特勒在第二次世界大戰前向德國國民煽動他們是世界第一優秀的民族，利用這個大謊言以團結民衆的技巧也同出一轍。

而一九五〇年二月，美國所掀起的彈劾麥卡西上議員等共產黨員的旋風，亦即「red bait」也與此類似。傑西佛・R・麥卡西上議員爲了提高自己的人望，在議會發表爆發性的宣言說：「有二〇五名共產主義者在國務院工作」而掀起話題。但是，在公聽會上被要求明確指出這二〇五名共產主義者的名字時，卻霎那間減少至五七名。結果，麥卡西無法證實這二〇五個共產主義者而被革職，後來因官場失意而死亡。

其實麥卡西革職案乃是利用共產主義者向大衆煽動「國家安全」的慾求，所設下的煽動人心的心理操縱。

當然，誠如「謊言也是一種方便」，謊言中也有大幅提高效果的作用。

話說拿破崙遠征義大利的時候，由於長期行軍有許多兵隊已沒有食糧、衣衫破爛、身心疲憊。這時，據說拿破崙用下面的謊言激厲士兵們的士氣。

「諸位士兵！諸位目前處於饑餓、衣衫襤褸的痛苦狀態。但是，我將帶領各位到世界上

最富裕的地方。那裡有食物、衣服、女人，你們所想要的全在那個地方。」

精疲力盡的士兵們因爲拿破崙這番話而精神百倍。當拿破崙到達義大利時，又對士兵們這麼說：

「諸位！我們不久將回到故鄉法國。當你們回到故鄉的早晨，向家人朋友這麼說：『我是參加那次偉大的義大利遠征的士兵。』你們必可以成爲英雄。」

這段話又激厲了士兵們的士氣。堅苦的阿爾卑斯山的跋跡之旅又算什麼，士兵們終於平安無事地回到法國。

謊言一再重複後，也會變成眞實。

當一再地反覆大謊言時，我們往往會慢慢

地接受而信以為真。戰爭中的各種標語或宣言就是其中的例子。而電視或收音機的CM也有許多藉由一再地反覆，向視聽者訴求而令人聽信的大謊言。譬如：「一星期使你變成天使臉孔、魔鬼身材的△△乳液」或「喝一口即體力倍增的○○酒」之類的廣告。

但是，即使是這類莫須有的宣傳語，如果每天反覆數次地聽聞，女性會受到△△乳液真的能使人由醜小鴨變天鵝的暗示，而男性也會錯覺以為飲用○○酒能使精力增強百倍。慢慢地△△乳液或○○酒就成暢銷商品了。

◆「病由心生」的心理學的證明

俗話「病由心生」，其實這也是個極大的謊言。醫師常對幾近不可能康復的病人說：「不久就好了喔。打起精神來啊！」用這麼大的謊言激厲病人。而有不少自認已藥石罔效的病人，因這類謊言而恢復健康。

美國小說家歐·亨利在其短篇集中有一篇名為『最後的一葉』，就是與此類似的故事。

有一名染患肺炎臥病在床的女孩。她每天注視著窗外那棵已乾枯的藤樹上最後僅存且已將落的葉子，並告訴人說：「我的生命當那片葉子掉落時就消失了。」她連生存的勇氣都沒有了。很不巧的是當天晚上下了一場雨，枯藤上的最後一片葉子眼見就要掉落了。

聽到這番話的同棟公寓的老畫家覺得少女太可憐，而決定想辦法讓她產生生存的希望。因此，老畫家絞盡腦汁而想出了一個妙計。他花一整個晚上，在攀延著藤樹的壁面上描繪一片藤樹的葉子。

隔天早上睡醒，從窗口眺望藤樹的少女大吃一驚。因爲，藤樹上最後一片葉子竟然熬過昨晚的風吹雨打堅强地活下去了。看見這景況的少女，決定鼓起勇氣和那片葉子一樣不被病魔打倒，後來終於克服了疾病。但是，由於老畫家整晚淋著雨描繪樹葉而得肺炎死了。老畫家爲了少女而賭上自己的生命。

「大謊言」有時也不再是謊言。因此，它甚至可以使人信賴，成爲給人希望、激厲的手段。

①

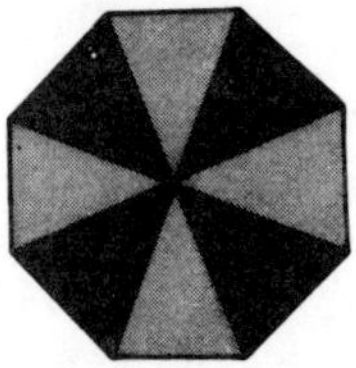

③

②

◆注意力的盲點

人的注意力非常奇妙。在團體中必須傳達命令或採取一致行動時，對提示注意的領導者或接受領導者提示注意的人而言，似乎必須重新顧慮人的注意力的界限問題。

不過，人在注意力集中時也會有疏忽而犯錯的時候，人心理的結構中到底是如何發揮其「注意力」呢？

請看圖①。這個圖形如果先看圖②一分鐘後再來看，以及先看圖③之後再看時，圖形的印象是否變得不同呢？先看圖③的圖形再看①時，本來看得清楚的②卻無法清楚辨認，只見③的圖樣從①的圖形浮現出來。

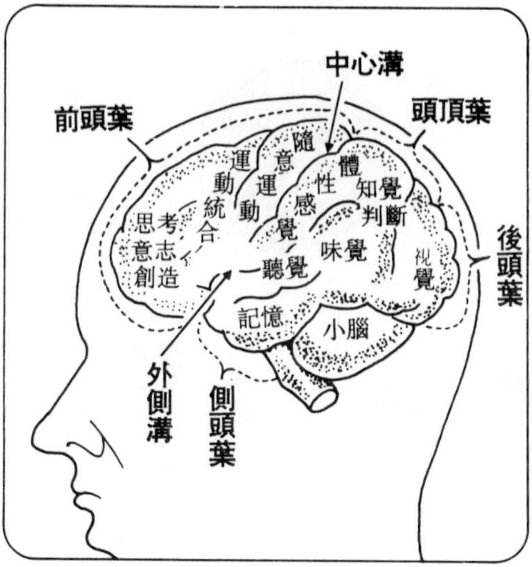

這種現象在心理學上稱爲「注意的飽和現象」。當長時間看同一個景物時就難以掌握其具體的形態。先看②再看①；先看③再看①的情況下，圖形的形態會產生混亂。換言之，人會根據一點線索而判斷圖形的形態。

以下陳述集中注意力的要點。

①不僅用語言也用動作記憶

喚醒他人注意力時不僅用語詞命令或語詞上的反覆命令，還必須配合動作的提示。

人之所以有複雜的思考、適切的行動，完全是大腦皮質的作用。大腦皮質內的各個領域中還有更細密的分業體制。

其中動用手部的領域約佔整體的三分之一大，甚至還有活動五根指頭的固定領域。所以，人泰半是藉由手的動作思考事物、傳達意見。

譬如，數1、2、3的數字時不僅在腦中盤算，將指頭一根根彎曲著數時對數字的注意力會提高許多。火車駕駛員或車長在確認信號時，會伸出手朝向信號的方向做爲確認「前方信號OK」與安全的注意。附帶手的動作時會提高注意力。

人無法將注意力經常集中在某一個點上。當必須全神貫注時，可利用其他動作以提高注意力。

②利用視覺上的印象

聽候上司的指示、命令時您會做筆記嗎？一般人做筆記並不會全文照抄，會憑自己的記號做記錄。利用視覺也能提高注意力。所以，向部屬傳達命令或在衆人前演講時，事先把談話的內容做好筆記可以減少錯誤。

另外，對於重要的事情或絕對不可忘記的要事，可以寫成文章貼在隨處可見的地方，或在重要的部份寫成大字或用紅筆做記號。公司裡每月在牆壁上張貼行動標語，應該也是顧慮到注意力的視覺效果吧。

不過，如果張貼太多的標語也會使注意力散漫而減低效果。心理學上稱此爲「注意的集中度」。

③依自己的方式做整理，避免曖昧不明

當刺激過多或注意力同時朝向兩個事物以上時，很容易使注意力散漫。同時命令多項事物並要求實行時，任何事情都很容易半途而廢，每個內容變得暖昧不明。因此，應該養成依自己的方式將各個內容整理、分類、統計之後以集中注意力的習慣。

④具有關心與興趣

人最不注意的大概是必須實行自己不關心的事時。對於感到關心或有興趣的事物很難以忘懷，注意的方式也有所不同。其實注意力的刺激劑、注意力的維他命劑就是「興趣」與「關心」。

藉由平日對各種事物產生興趣，增加讀書量應可擴大關心的幅度。

◆受外表所惑的心理

『成功的心理學』的作者維特力，針對使自己獲得較高評價這一點曾說：「爲了使自己在旁人眼中經常表現最高狀況，應該注意自己的服裝，在衆人前抬頭挺胸昂然闊步，對談話時的遣詞用句也要留意。」提高人際關係中的融洽性也是同樣的道理。我們往往憑藉外表看人，根據服裝的嗜好，揣測是否與自己本身的性向配合，而非藉由語言的溝通去瞭解彼此的感覺或人品。所以，若想要抓住顧客的心或提高與顧客之間的匹配性，必須配合對方的服裝，並注意對方所嗜好的服裝顏色。

接著請依次頁圖，檢查您自己本身服裝所傳達的印象。

其中若有五個以上的「YES」，則表示你的外觀或服裝的印象給人安全感，具備和任何人幾乎都能深交的素質。尤其是有七個以上的「YES」，這種傾向更高。

相對地，「YES」的數目在四個以下時，給人第一印象不好。

除了服裝之外，攜帶的皮包顏色或形狀，手錶或座車也都被當做個人評價的重要線索。自己的服裝及所攜帶的物品，是向對方傳達自己渴望被評價爲何種身份的重要訊息。

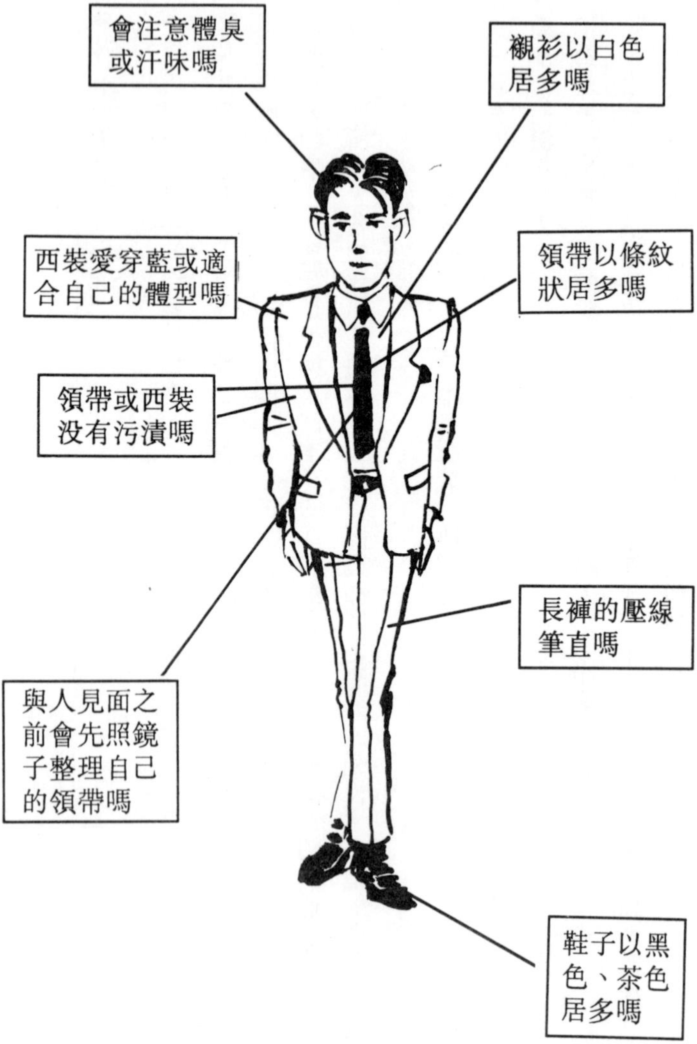
會注意體臭
或汗味嗎
襯衫以白色
居多嗎
西裝愛穿藍或適
合自己的體型嗎
領帶以條紋
狀居多嗎
領帶或西裝
沒有污漬嗎
長褲的壓線
筆直嗎
與人見面之
前會先照鏡
子整理自己
的領帶嗎
鞋子以黑
色、茶色
居多嗎

利用身體語言給人好印象

◆克雷斯金的人心招攬術

法國的心理學家法蘭梭瓦·果克蘭發表一本有趣的著作，書名爲『抓住人心的智慧』。現代被認爲是溝通的時代，不過，卻也是很難將自己的觀念或心意傳達給對方的時代。正因爲如此，才產生對果克蘭所著作之類作品的需求。

初次見面的印象或語言交談時的違和感，的確會造成重大的誤解。相反地，初次見面的人也有可能產生一見如故之感而意氣相投。

筆著本身所認識的人當中，唯一讓我對招攬人心技巧之妙感到佩服不已的，是名叫克雷斯金的美國人。這個人是世界著名讀心術的大家，他可以一眼看穿對方的內心事，乃是此道的行家。

我們第一次見面時他用雙手彷彿抱住我的手一樣握手，並且大聲用英文招呼說：「很高

①
②
很高興見到你！
③
④
⑤
⑥

興見到你！」接著頭部稍微往右傾，再以右手扶住我的肩膀靠身過來。並且時而用力地拍我的肩膀。坐在沙發上時會探出身來靠近我的膝蓋，顯得極爲親密地交談。

當話題漸入佳境時，偶而會拿掉眼鏡做出一副陷入思考的神態。

這一連串的動作連我也不得不落入他的掌握中。

擅長運作談話過程的人，即像克雷斯金一樣，除了談吐技巧有一套之外，更能巧妙地穿插適切的動作、表情。美國針對肢體語言的研究之所以顯出一股熱潮，應基於它是一種傳達心理技巧的緣故吧。

和西洋人比較下，東方人最欠缺的也許是藉由動作、表情傳達心理的創意。所以，在國際舞台上可能會遭受誤解或引起磨擦。當然，最近一般人對利用電視或漫畫等視覺媒體傳達彼此的意志、感情已不再感到排斥，因此，今後在人際關係上動作的作用，一定比語言重要許多。

◆與談話對象所保持的位置、距離

向對方傳達自己的感覺或意圖掌握對方的心理時，雙方之間的位置、距離有時會出人意

外地扮演著重要的角色。

譬如，雙方面對面交談，和稍微間隔著並排而坐交談時的印象完全不同。四目交接談話時，無形中會給對方帶著警戒心而難以深談。正面交談時自己的感情似乎毫無遮掩地傳達給對方，因此，若覺得對方討厭或想敬而遠之時，內心的感覺會自然地傳達給對方。

因此，應試著從側邊的位置交談。這個位置會使雙方的語言交談進行順利。克雷斯金從右側邊抱住我的肩膀向我打招呼，應該也是知道其中的效果吧。這種談話方式會給人心地善良、溫和人品的印象。

同時，偶而拍拍肩膀或用力地握手以傳達親密感時，更會使對方感到親近。尤其對方是年長者或長輩時，如右圖的方式偏離正面，從側邊交談較能充分地傳達自己的心情，語言的往來也較爲融洽。

若是同年齡者或同事，輕輕將手按在對方的背部交談時，更會提高雙方的親密感。不過，將手搭在對方的肩上有時，可能令對方產生自己受到蔑視的印象，這個動作可要注意。

◆「碰觸」「拍打」的效果

渴望强烈地傳達自己的感覺時，碰觸對方或輕拍對方的身體有出人意外的作用。日本故前首相三木武夫據說和新聞記者交談時，常會挨近記者的身旁表現親密的態度，交談中還不時地拍打或搓揉對方的膝蓋頭。其實這乃是熟知「促膝談判」效果的三木說服術之一。

不過，這些動作表現在某些人上反而會產生效果。譬如，對於抱著極端的競敵意識或帶有反感的人而言，「被碰觸」的行爲會使其產生强烈的厭惡感。

「碰觸」對象並不只限定於交談者的身體。用手觸

摸對方所穿著的衣服，讚美說「質料真好」也能達到心理上身體被碰觸的同樣效果。

◆聲音大小的效用

渴望誘導對方說出愉快的話題，或使談話的內容導向自己有利的方向時，大的聲音較具效果。如果談起話來聲音細小，對方也會受到影響而變得小聲。用散漫而小聲的聲音交談時，對方在無意識中會產生警戒而封閉自己的本性。

但是，稍微加快速度而大聲地談話時，對方自然地會受到這個速度感的影響，熱絡地交談。日本電視TALK節目中，關西地方的節目之所以成功，似乎是受聲音語調的影響。關西方言的速度較快，在加上司儀高亢的聲音，使得參與演出者也受到影響而踴躍發言。成功的推銷員們所共通之處應該是聲音大、聲調開朗吧。

◆呼喚對方名字的效果

人常爲一點小事而感動不已，同樣地，也會爲無聊的小事勃然大怒。譬如，如果到只去過一次的餐廳或酒吧，被老闆直呼名字打招呼時，會忍不住雀躍不已。

某人記得自己名字的滿足感比受到任何特別的服務更使人印象深刻。

日本在輕井澤以開發別墅而聞名的「國土觀光」董事長，據說絕對不會忘記曾經見過一次面的人的名字。若有攜帶妻小的客人，甚至會記得對方孩子的名字。所以，任何人爾後再見面時會因爲著名的「國土觀光」董事長，記得自己孩子的名字而感激不已。

抓住人心的重要關鍵幾乎可以說是記得對方的名字，並直呼對方的名字而打招呼的技巧吧。一般人只要想到芸芸衆生中，卻有人會想到世界上唯一僅有的自己的名字，自然會產生信賴感。

◆掌握人心的「動作」

手的動作或細小的肢體語言，有時會使對方產生強烈的印象。譬如，在對談者面前將原本打開的西裝鈕釦重新扣好，整理西裝之後再坐下時，會使對方產生「他是認真地準備和我交談」的印象。但是，打開西裝鈕釦一屁股深坐在椅子上，交談時會給人輕率的印象。

同時，坐在椅子卻雙手抱胸，會令對方認爲「自以爲了不起的傢伙」。交談時輕坐在椅子的前側雙手緊握放在膝上，給人的印象則又不同，各位不妨試試看。

◆克服焦躁的心理

要求水準越高越感到焦躁

美國某心理學家曾做過一個有趣的實驗。實驗內容是將學生分成三組，提出一個問題讓他們思考解決之策。不過，各組所附帶的條件並不相同。對第一組所提出的條件是，在一定的時間內必須解決這個問題。而第二組的條件是，問題解決後會給他們二十五分美元的獎金。至於第三組，則告訴他們第一個解答者有五元美金的獎金。

如此進行實驗之後發現一個有趣的事實。據說附帶有競爭條件的第三組，由於每個人都不服輸而顯得焦躁，結果陸續出現無法解決問題的人。相反地，只附帶在一定時間內解決問題的第一組，既没有奮發圖强者，也没有爲解決問題感到焦躁的人，整組散發出一股「悠哉氣氛」。

三組中情況最好的是第二組。這組的每個人都能適度地發揮解決問題的意欲，不慌不忙地將問題解決。

由此可見我們的「焦躁」很容易在野心過大，或要求水準過高時產生。

不改變要求水準會持續焦躁

當我們成功地完成想要做的事或所追求的事之後，慾望會變大而追求更高層次的目標。換言之，無法對目前的情況感到滿足而追求更高的水準。相反地，反覆失敗之後會降低要求水準，藉由降低自己的目標使自己處於「不焦躁」的狀態。如果持續失敗而仍然維持高水準，會因爲渴望達成願望而過度焦慮，結果可能持續平常自己才會產生的焦躁或不安。這就是「焦躁的心理」。

人會受團體的氣氛影響

人的焦慮感很容易受團體、集團的影響。當朋友因某事而焦慮時，無形中也會受到對方的影響而感到焦慮。當團體裡的人都一副悠哉的模樣時，平時顯得焦躁的人也會自然地感到踏實而放鬆自己。焦躁的心理會受團體的暗示。

在升學競爭激烈的中學就讀的學生當高中考試將近時，就不再看電視或出外遊樂。那是不願落於人後的焦躁情緒，使自己無法再過以往悠哉的生活。另一方面，對升學考試毫不在意的「放牛班」學生，可能受團體的影響，仍然過著悠哉的學校生活。

使焦躁產生正面的作用

但是，焦躁的心理有時具有使人變得積極的作用，因此，會產生正面與負面作用。那麼，如何才能使焦躁心理產生正面作用呢?方法有三。

①整理目前自己的想法或必須處理的事。

②擬定計劃與目標的期限。

③將目標或理想做成文章標語，張貼在牆壁或經常口誦。

首先必須仔細地思考自己目前想要做什麼、必須做什麼、渴望實現何種夢想。當據實地明白自己的內心事之後，接著再條列式地寫下目前自己想要或想做的事。寫完之後編排順位。然後從第一順位依序處理。

第二、目標決定之後明確地訂定實行的期限。如果期限過短反而會產生焦慮。必須配合自己的能力來決定期限。

第三、將自己的目標做成標語。標語可以發揮提高自己幹勁的效果。有些人在自己的牆壁上張貼著「考上台大!」「期末考平均七十分以上!」這也是達成自己夢想的關鍵之一。

藉由上述的方法，極有可能使你的焦躁產生正面的作用。

◆經濟不景氣下的動物設計圖樣

據說在不景氣的時代或不安的時代，一般人對動物的憧憬或關心會增強。例如，一九六四年左右的經濟不景氣影響下，鳥、動物、花常被使用於服裝的設計上。採用動物做為設計圖樣似乎與渴望獲得安全感，或回復到幼兒時代的願望有所關係。心情焦躁不安、莫名地對未來感到茫然時，似乎渴望藉由看見圖樣以緩和自己的情緒。

著名的畫家在其晚年即有描繪動物畫的傾向。其中以蝴蝶、鳥的圖畫居多。譬如，梵谷或魯敦因精神病的折磨而自殺的當時，所描繪的畫中就有一幅黃色蝴蝶的畫。

流行也有與此類似的現象，當整體社會散發出一股令人窒氣的誨澀氣氛時，蝴蝶、鳥的行情看漲，如果這種氣氛日漸嚴重時甚至會出現黑色的鳥。

相反地，湧現夢想或希望時，白色的鳥或藍色的鳥會漸漸地博得人緣。以動物為例，當人們需求貓或狗時，乃是雖然不安卻仍有拯救或夢想的時候，而在設計上追求蛇、鱷魚、鮫魚等形象恐怖的動物時，則是不安的情緒高漲的證據。

大展出版社有限公司	圖書目錄
地址：台北市北投區11204 致遠一路二段12巷1號 郵撥： 0166955～1	電話：(02) 8236031 8236033 傳眞：(02) 8272069

・法律專欄連載・電腦編號58

台大法學院 法律學系／策劃
法律服務社／編著

①別讓您的權利睡著了[1] 200元
②別讓您的權利睡著了[2] 200元

・秘傳占卜系列・電腦編號14

①手相術	淺野八郎著	150元
②人相術	淺野八郎著	150元
③西洋占星術	淺野八郎著	150元
④中國神奇占卜	淺野八郎著	150元
⑤夢判斷	淺野八郎著	150元
⑥前世、來世占卜	淺野八郎著	150元
⑦法國式血型學	淺野八郎著	150元
⑧靈感、符咒學	淺野八郎著	150元
⑨紙牌占卜學	淺野八郎著	150元
⑩ＥＳＰ超能力占卜	淺野八郎著	150元
⑪猶太數的秘術	淺野八郎著	150元
⑫新心理測驗	淺野八郎著	160元

・趣味心理講座・電腦編號15

①性格測驗１	探索男與女	淺野八郎著	140元
②性格測驗２	透視人心奥秘	淺野八郎著	140元
③性格測驗３	發現陌生的自己	淺野八郎著	140元
④性格測驗４	發現你的真面目	淺野八郎著	140元
⑤性格測驗５	讓你們吃驚	淺野八郎著	140元
⑥性格測驗６	洞穿心理盲點	淺野八郎著	140元
⑦性格測驗７	探索對方心理	淺野八郎著	140元
⑧性格測驗８	由吃認識自己	淺野八郎著	140元
⑨性格測驗９	戀愛知多少	淺野八郎著	140元

⑩性格測驗10	由裝扮瞭解人心	淺野八郎著	140元
⑪性格測驗11	敲開內心玄機	淺野八郎著	140元
⑫性格測驗12	透視你的未來	淺野八郎著	140元
⑬血型與你的一生		淺野八郎著	140元
⑭趣味推理遊戲		淺野八郎著	140元

•婦 幼 天 地• 電腦編號16

①八萬人減肥成果	黃靜香譯	150元
②三分鐘減肥體操	楊鴻儒譯	150元
③窈窕淑女美髮秘訣	柯素娥譯	130元
④使妳更迷人	成　玉譯	130元
⑤女性的更年期	官舒姸編譯	160元
⑥胎內育兒法	李玉瓊編譯	150元
⑦早產兒袋鼠式護理	唐岱蘭譯	200元
⑧初次懷孕與生產	婦幼天地編譯組	180元
⑨初次育兒12個月	婦幼天地編譯組	180元
⑩斷乳食與幼兒食	婦幼天地編譯組	180元
⑪培養幼兒能力與性向	婦幼天地編譯組	180元
⑫培養幼兒創造力的玩具與遊戲	婦幼天地編譯組	180元
⑬幼兒的症狀與疾病	婦幼天地編譯組	180元
⑭腿部苗條健美法	婦幼天地編譯組	150元
⑮女性腰痛別忽視	婦幼天地編譯組	150元
⑯舒展身心體操術	李玉瓊編譯	130元
⑰三分鐘臉部體操	趙薇妮著	160元
⑱生動的笑容表情術	趙薇妮著	160元
⑲心曠神怡減肥法	川津祐介著	130元
⑳內衣使妳更美麗	陳玄茹譯	130元
㉑瑜伽美姿美容	黃靜香編著	150元
㉒高雅女性裝扮學	陳珮玲譯	180元
㉓蠶糞肌膚美顏法	坂梨秀子著	160元
㉔認識妳的身體	李玉瓊譯	160元
㉕產後恢復苗條體態	居理安•芙萊喬著	200元
㉖正確護髮美容法	山崎伊久江著	180元

•青 春 天 地• 電腦編號17

①A血型與星座	柯素娥編譯	120元
②B血型與星座	柯素娥編譯	120元
③O血型與星座	柯素娥編譯	120元
④AB血型與星座	柯素娥編譯	120元

⑤青春期性教室	呂貴嵐編譯	130元
⑥事半功倍讀書法	王毅希編譯	150元
⑦難解數學破題	宋釗宜編譯	130元
⑧速算解題技巧	宋釗宜編譯	130元
⑨小論文寫作秘訣	林顯茂編譯	120元
⑪中學生野外遊戲	熊谷康編著	120元
⑫恐怖極短篇	柯素娥編譯	130元
⑬恐怖夜話	小毛驢編譯	130元
⑭恐怖幽默短篇	小毛驢編譯	120元
⑮黑色幽默短篇	小毛驢編譯	120元
⑯靈異怪談	小毛驢編譯	130元
⑰錯覺遊戲	小毛驢編譯	130元
⑱整人遊戲	小毛驢編譯	150元
⑲有趣的超常識	柯素娥編譯	130元
⑳哦！原來如此	林慶旺編譯	130元
㉑趣味競賽100種	劉名揚編譯	120元
㉒數學謎題入門	宋釗宜編譯	150元
㉓數學謎題解析	宋釗宜編譯	150元
㉔透視男女心理	林慶旺編譯	120元
㉕少女情懷的自白	李桂蘭編譯	120元
㉖由兄弟姊妹看命運	李玉瓊編譯	130元
㉗趣味的科學魔術	林慶旺編譯	150元
㉘趣味的心理實驗室	李燕玲編譯	150元
㉙愛與性心理測驗	小毛驢編譯	130元
㉚刑案推理解謎	小毛驢編譯	130元
㉛偵探常識推理	小毛驢編譯	130元
㉜偵探常識解謎	小毛驢編譯	130元
㉝偵探推理遊戲	小毛驢編譯	130元
㉞趣味的超魔術	廖玉山編著	150元
㉟趣味的珍奇發明	柯素娥編著	150元
㊱登山用具與技巧	陳瑞菊編著	150元

•健 康 天 地• 電腦編號 18

①壓力的預防與治療	柯素娥編譯	130元
②超科學氣的魔力	柯素娥編譯	130元
③尿療法治病的神奇	中尾良一著	130元
④鐵證如山的尿療法奇蹟	廖玉山譯	120元
⑤一日斷食健康法	葉慈容編譯	120元
⑥胃部強健法	陳炳崑譯	120元
⑦癌症早期檢查法	廖松濤譯	130元

⑧老人痴呆症防止法	柯素娥編譯	130元
⑨松葉汁健康飲料	陳麗芬編譯	130元
⑩揉肚臍健康法	永井秋夫著	150元
⑪過勞死、猝死的預防	卓秀貞編譯	130元
⑫高血壓治療與飲食	藤山順豐著	150元
⑬老人看護指南	柯素娥編譯	150元
⑭美容外科淺談	楊啟宏著	150元
⑮美容外科新境界	楊啟宏著	150元
⑯鹽是天然的醫生	西英司郎著	140元
⑰年輕十歲不是夢	梁瑞麟譯	200元
⑱茶料理治百病	桑野和民著	180元
⑲綠茶治病寶典	桑野和民著	150元
⑳杜仲茶養顏減肥法	西田博著	150元
㉑蜂膠驚人療效	瀨長良三郎著	150元
㉒蜂膠治百病	瀨長良三郎著	150元
㉓醫藥與生活	鄭炳全著	160元
㉔鈣長生寶典	落合敏著	180元
㉕大蒜長生寶典	木下繁太郎著	160元
㉖居家自我健康檢查	石川恭三著	160元
㉗永恒的健康人生	李秀鈴譯	200元
㉘大豆卵磷脂長生寶典	劉雪卿譯	150元
㉙芳香療法	梁艾琳譯	160元
㉚醋長生寶典	柯素娥譯	元

・實用女性學講座・電腦編號 19

①解讀女性內心世界	島田一男著	150元
②塑造成熟的女性	島田一男著	150元
③女性整體裝扮學	黃靜香編著	180元
④職業婦女禮儀	黃靜香編著	180元

・校 園 系 列・電腦編號 20

①讀書集中術	多湖輝著	150元
②應考的訣竅	多湖輝著	150元
③輕鬆讀書贏得聯考	多湖輝著	150元
④讀書記憶秘訣	多湖輝著	150元
⑤視力恢復！超速讀術	江錦雲譯	180元

•實用心理學講座• 電腦編號21

①拆穿欺騙伎倆	多湖輝著	140元
②創造好構想	多湖輝著	140元
③面對面心理術	多湖輝著	140元
④偽裝心理術	多湖輝著	140元
⑤透視人性弱點	多湖輝著	140元
⑥自我表現術	多湖輝著	150元
⑦不可思議的人性心理	多湖輝著	150元
⑧催眠術入門	多湖輝著	150元
⑨責罵部屬的藝術	多湖輝著	150元
⑩精神力	多湖輝著	150元
⑪厚黑說服術	多湖輝著	150元
⑫集中力	多湖輝著	150元
⑬構想力	多湖輝著	150元
⑭深層心理術	多湖輝著	160元
⑮深層語言術	多湖輝著	160元
⑯深層說服術	多湖輝著	180元
⑰潛在心理術	多湖輝著	160元

•超現實心理講座• 電腦編號22

①超意識覺醒法	詹蔚芬編譯	130元
②護摩秘法與人生	劉名揚編譯	130元
③秘法！超級仙術入門	陸　明譯	150元
④給地球人的訊息	柯素娥編著	150元
⑤密教的神通力	劉名揚編著	130元
⑥神秘奇妙的世界	平川陽一著	180元
⑦地球文明的超革命	吳秋嬌譯	200元
⑧力量石的秘密	吳秋嬌譯	180元

•養 生 保 健• 電腦編號23

①醫療養生氣功	黃孝寬著	250元
②中國氣功圖譜	余功保著	230元
③少林醫療氣功精粹	井玉蘭著	250元
④龍形實用氣功	吳大才等著	220元
⑤魚戲增視強身氣功	宮　嬰著	220元
⑥嚴新氣功	前新培金著	250元
⑦道家玄牝氣功	張　章著	180元

⑧仙家秘傳袪病功	李遠國著	160元
⑨少林十大健身功	秦慶豐著	180元
⑩中國自控氣功	張明武著	250元
⑪醫療防癌氣功	黃孝寬著	220元
⑫醫療強身氣功	黃孝寬著	220元
⑬醫療點穴氣功	黃孝寬著	220元

・社會人智囊・電腦編號 24

①糾紛談判術	清水增三著	160元
②創造關鍵術	淺野八郎著	150元
③觀人術	淺野八郎著	180元
④應急詭辯術	廖英迪編著	160元
⑤天才家學習術	木原武一著	160元
⑥猫型狗式鑑人術	淺野八郎著	180元
⑦逆轉運掌握術	淺野八郎著	180元

・精 選 系 列・電腦編號 25

①毛澤東與鄧小平	渡邊利夫等著	280元
②中國大崩裂		180元

・心 靈 雅 集・電腦編號 00

①禪言佛語看人生	松濤弘道著	180元
②禪密教的奧秘	葉逯謙譯	120元
③觀音大法力	田口日勝著	120元
④觀音法力的大功德	田口日勝著	120元
⑤達摩禪106智慧	劉華亭編譯	150元
⑥有趣的佛教研究	葉逯謙編譯	120元
⑦夢的開運法	蕭京凌譯	130元
⑧禪學智慧	柯素娥編譯	130元
⑨女性佛教入門	許俐萍譯	110元
⑩佛像小百科	心靈雅集編譯組	130元
⑪佛教小百科趣談	心靈雅集編譯組	120元
⑫佛教小百科漫談	心靈雅集編譯組	150元
⑬佛教知識小百科	心靈雅集編譯組	150元
⑭佛學名言智慧	松濤弘道著	220元
⑮釋迦名言智慧	松濤弘道著	220元
⑯活人禪	平田精耕著	120元
⑰坐禪入門	柯素娥編譯	120元

國家圖書館出版品預行編目資料

行爲語言解析/淺野八郎著；李玉瓊譯
—— 初版，—— 臺北市，大展，民84
面；　公分，——（趣味心理講座；15）
譯自：繪でわかる心理學
ISBN 957－557－551－2（平裝）

1. 心理測驗

179　　84010730

原書名：繪でわかる心理學
原作者：©Hachiro Asano 1989
原出版者：株式會社　日本實業出版社
版權仲介：京王文化事業有限公司

行為語言解析　　ISBN 957－557－551－2

原著者／淺野八郎
編譯者／李玉瓊
發行人／蔡森明
出版者／大展出版社有限公司
社址／台北市北投區（石牌）致遠一路二段12巷1號
電話／(02) 8236031・8236033
傳真／(02) 8272069
郵政劃撥／0166955－1
登記證／局版臺業字第2171號
承印者／高星企業有限公司
裝訂／日新裝訂所
排版者／千兵企業有限公司
電話／(02) 8812643
初版／1995年（民84年）11月
2刷／1997年（民86年）2月

定價／160元

大展好書 好書大展